D1426187

La preuve du Paradis

Dr Eben ALEXANDER

La preuve du Paradis

Voyage d'un neurochirurgien dans l'après-vie...

DOCUMENT

Traduit de l'anglais (États-Unis)
par Jocelin Morisson

Collection dirigée
par Ahmed Djouder

Titre original :
A PROOF OF HEAVEN,
A NEUROSURGEON'S JOURNEY INTO THE AFTERLIFE

Éditeur original :
Simon & Schuster

Prologue

*« Un homme devrait chercher ce qui est,
et non ce qu'il croit devoir être. »*
Albert EINSTEIN (1879-1955)

Quand j'étais enfant, je rêvais souvent que je volais. La plupart du temps je me retrouvais debout dans mon jardin, regardant les étoiles, et soudain je me mettais à flotter. Les premiers centimètres étaient gagnés automatiquement. Mais je comprenais rapidement que plus je me trouvais haut et plus ma progression dépendait de moi – de ce que *je* faisais. Si j'étais trop excité, trop emporté par l'expérience, je retombais sur le sol… brutalement. Mais si je restais tranquille et ne prenais qu'une seule grande enjambée, alors je m'élevais de plus en plus vite vers le ciel étoilé.

Ces rêves sont peut-être en partie responsables de l'amour que j'ai développé, une fois adulte, pour les avions et les fusées – pour tout ce qui était capable de m'emporter à nouveau dans le monde au-dessus de celui-ci. Quand nous prenions l'avion en famille, mon visage restait plaqué contre le hublot du décollage jusqu'à l'atterrissage. Au cours de l'été 1968, à l'âge de quatorze ans, j'ai dépensé tout l'argent que j'avais gagné à tondre les pelouses en leçons de planeur avec un homme nommé Gus Street, à Strawberry Hill, un petit « aérodrome » seulement constitué d'une bande d'herbe juste à l'ouest de Winston-Salem en Caroline du Nord, la ville où j'ai grandi. Je me souviens encore de la sensation de mon cœur battant lorsque j'ai tiré sur le gros bouton rouge cerise qui a décroché le câble me connectant à l'avion remorqueur, inclinant mon planeur en direction du champ. C'était la première fois que je me sentais véritablement seul et libre. La plupart de mes amis éprouvaient ce sentiment en voiture, mais me retrouver grâce à mon salaire quelques centaines de mètres en l'air dans un planeur était pour moi cent fois plus excitant.

À l'université dans les années 1970, j'ai intégré l'équipe de parachutisme sportif (ou chute libre) de l'université de Caroline du Nord. Cela ressemblait à une fraternité secrète – un groupe de personnes qui avaient connaissance de quelque chose de spécial et de magique. Mon premier saut était terrifiant et le second encore plus. Mais à compter de mon douzième saut, quand je me suis approché de l'ouverture en sachant que j'allais devoir me laisser tomber de plus de trois cents mètres avant d'ouvrir mon parachute (mon premier « délai de dix secondes »), je me sentais comme chez moi. J'ai fait 365 sauts en parachute à l'université et accumulé plus de trois heures trente de chute libre, le plus souvent en formation et jusqu'à vingt-cinq sauteurs. Bien que j'aie arrêté de sauter en 1976, j'ai continué à faire des rêves réalistes de chute libre, qui sont toujours très agréables.

Les meilleurs sauts étaient souvent ceux que nous faisions tard dans l'après-midi, lorsque le soleil commençait à descendre derrière l'horizon. Il est difficile de décrire le sentiment que j'éprouvais lors de ces sauts : la sensation de m'approcher de quelque chose que je ne pourrais jamais nommer tout à fait, mais dont je savais que je voulais plus. Ce n'était pas tout à fait la solitude, car nos façons de sauter n'étaient pas vraiment solitaires. Nous sautions à cinq, six, parfois dix ou douze personnes à la fois, formant des figures de chute libre. Plus nous étions nombreux et le défi élevé, et mieux c'était.

Un beau samedi d'automne 1975, mes camarades de l'équipe universitaire et moi-même avons rejoint des amis sur un site de saut dans l'est de la Caroline du Nord pour réaliser quelques figures. Lors de notre avant-dernier saut de la journée, depuis un Beechcraft D18 et à 3 200 mètres, nous avons formé un flocon de neige constitué de dix hommes. Nous avons réussi à nous placer en formation complète avant de passer les 7 000 pieds (2 133 mètres), et avons ainsi pu profiter de dix-huit secondes de vol en formation dans un gouffre clair formé entre deux gros cumulus, avant de nous séparer à 1 060 mètres et nous éloigner les uns des autres pour ouvrir nos parachutes.

Le temps que nous touchions le sol, le soleil était couché. Mais en nous hâtant vers un autre avion et en redécollant immédiatement, nous avons réussi à rejoindre le dernier rayon de soleil et à réaliser un second saut au couchant. Pour celui-ci, deux nouveaux membres effectuaient leur premier saut en formation – qui consistait pour eux à rejoindre la formation de l'extérieur plutôt que d'en former la base (ce qui est plus facile, car le boulot consiste essentiellement à tomber tout droit pendant que tous les autres manœuvrent autour de vous). C'était excitant pour les deux nouveaux, mais aussi pour nous qui étions plus expérimentés, car nous étions en train de construire l'équipe et d'engranger davantage d'expérience avec des sauteurs qui seraient ensuite capables de se joindre à nous pour des formations encore plus grandes.

Je devais être le dernier à rejoindre une étoile formée de six sauteurs au-dessus des pistes du petit aérodrome situé à la sortie de Roanoke Rapids en Caroline du Nord. Le camarade directement en face de moi s'appelait Chuck. Il avait une certaine expérience du « vol relatif », ou VR – c'est-à-dire la réalisation de figures en chute libre. Nous étions toujours au soleil à 2 280 mètres, mais en dessous de nous les lumières des rues brillaient déjà. Les sauts au crépuscule étaient toujours sublimes et celui-ci allait manifestement être très beau.

Même si je devais sortir de l'avion environ une seconde après Chuck, il me faudrait faire vite pour rejoindre les autres. J'allais devoir foncer tête la première comme une fusée pendant les sept premières secondes environ. Cela me ferait chuter presque cent soixante kilomètres par heure plus vite que mes compagnons afin d'être là juste après qu'ils avaient constitué la formation initiale.

La procédure normale pour les sauts en VR consistait pour tous les sauteurs à se séparer à 1 066 mètres (3 500 pieds) et à s'éloigner le plus possible de la formation. Chacun devait ensuite agiter ses bras (signalant l'ouverture imminente de son parachute), regarder au-dessus de lui pour s'assurer que personne ne s'y trouvait, puis tirer sa poignée d'ouverture.

« Trois, deux, un… go ! »

Les quatre premiers sauteurs sont sortis, puis Chuck et moi avons suivi de près. Plongeant tête la première et atteignant rapidement ma vitesse de pointe, j'ai souri en voyant le soleil se coucher pour la seconde fois de la journée. Après avoir tracé en ligne directe vers les autres, mon plan consistait à freiner brutalement en ouvrant mes bras (nous avions des structures ailées des poignets aux hanches qui opposaient une immense résistance lorsqu'elles étaient pleinement gonflées à haute vitesse) et en plaçant directement en opposition à l'air les manches et jambières de ma combinaison élargies aux poignets et aux chevilles.

Mais je n'en ai jamais eu l'occasion.

En fonçant vers la formation, j'ai vu que l'un des deux nouveaux était arrivé trop vite. Le fait de tomber aussi vite entre les nuages proches l'avait peut-être un peu effrayé – cela lui rappelait qu'il se rapprochait à 60 mètres par seconde de cette planète gigantesque juste en dessous, partiellement voilée par l'obscurité. Au lieu de rejoindre en douceur le bord de la figure, il était arrivé comme dans un jeu de quilles et avait heurté tout le monde. Les cinq autres sauteurs étaient maintenant en perdition.

Ils étaient également beaucoup trop près les uns des autres. Un homme en chute libre laisse derrière lui un courant très turbulent d'air à basse pression. Si un autre sauteur s'approche de ce courant, il accélère instantanément et peut s'écraser sur la personne en dessous. Ce qui peut amener ensuite les deux sauteurs à accélérer et heurter quiconque se trouve sous *eux*. En résumé, c'est une recette pour le désastre.

J'ai tourné mon corps et me suis éloigné du groupe pour éviter la pagaille. J'ai manœuvré jusqu'à ce que je me retrouve à chuter juste au-dessus « du point », un point magique au sol au-dessus duquel nous devions ouvrir nos parachutes pour la descente d'agrément de deux minutes. En regardant autour de moi, j'ai été rassuré en voyant que les sauteurs désorientés s'éloignaient les uns des autres, dispersant le mortel amalgame.

Chuck était là parmi eux. À ma grande surprise, il est arrivé droit dans ma direction. Il s'est arrêté directement en dessous de moi. Avec l'ensemble du groupe en dégringolade, nous atteignions l'altitude de 610 mètres plus rapidement que Chuck l'avait anticipé. Peut-être pensait-il avoir de la chance et n'avoir pas besoin de suivre – exactement – les règles.

Il ne doit pas me voir. À peine la pensée m'a-t-elle traversé l'esprit que le parachute extracteur de Chuck est sorti de son sac dorsal. Son extracteur a capté la brise de 200 kilomètres à l'heure et s'est dirigé droit sur moi, tirant dans son sillage son parachute principal.

Dès l'instant où j'ai vu sortir le parachute extracteur de Chuck, je n'avais qu'une fraction de seconde pour réagir. Car il me faudrait moins d'une seconde pour me retrouver étalé sur son parachute principal déployé et – très probablement – sur Chuck lui-même. À cette vitesse, si je heurtais son bras ou sa jambe, je les lui arracherais à coup sûr, m'infligeant une blessure fatale au passage. Si je le frappais directement, nos deux corps exploseraient tout simplement.

Les gens disent que les événements se déroulent plus lentement dans des situations comme celles-là et ils ont raison. Mon esprit a observé l'action au cours des microsecondes qui ont suivi comme s'il regardait un film au ralenti.

Au moment où j'ai vu le parachute extracteur, mes bras se sont collés le long de mon corps et je me suis raidi pour plonger tête en avant, le corps légèrement plié au niveau des hanches. La verticalité a accru ma vitesse et la courbure m'a permis d'ajouter un déplacement horizontal d'abord léger puis plus marqué à mesure que mon corps se transformait en une aile efficace, m'envoyant glisser un peu plus loin que Chuck, juste devant son parachute Para-commander bariolé qui était en train de s'ouvrir comme une fleur.

Je l'ai doublé à plus de 240 kilomètres à l'heure, ou 67 mètres par seconde. À cette vitesse, je doute qu'il ait vu l'expression sur mon visage. Mais s'il avait pu, il aurait noté un regard de grande surprise. J'avais réussi à réagir en quelques microsecondes à une situation qui, si j'avais vraiment eu le temps d'y réfléchir, aurait été bien trop complexe à résoudre.

Et pourtant... je *l'avais* résolue, et nous avons tous deux atterri sans dommage. C'était comme si, face à une situation qui réclamait plus que sa capacité de réponse habituelle, mon cerveau était devenu l'espace d'un instant doté de superpouvoirs.

Comment avais-je fait cela ? Au long de ma carrière de plus de vingt ans en neurochirurgie universitaire – à étudier le cerveau, observer comment il fonctionne et à l'opérer –, j'ai eu de multiples occasions de méditer sur cette question précise. Finalement, je me suis fait à l'idée qu'en réalité le cerveau est vraiment un outil extraordinaire : plus extraordinaire que nous ne pouvons même le soupçonner.

Je comprends maintenant que la vraie réponse à cette question est bien plus profonde. Mais il m'aura fallu traverser une métamorphose complète de ma vie et de ma vision du monde pour entrevoir cette réponse. Ce livre porte sur les événements qui ont changé mon état d'esprit sur ce sujet. Ils m'ont convaincu que, si merveilleux que soit le mécanisme du cerveau, ce n'est pas du tout lui qui m'a sauvé la vie ce jour-là. Ce qui s'est mis en action au moment où le parachute de Chuck a commencé à s'ouvrir était une autre part, bien plus profonde, de moi-même. Une part qui était capable d'agir aussi rapidement, car elle n'était aucunement prisonnière du temps, comme le sont le cerveau et le corps.

C'était en fait la même partie de moi qui me rendait nostalgique du ciel quand j'étais enfant. Ce n'est pas seulement la part la plus intelligente de nous-mêmes, c'est aussi la plus enfouie, et cependant j'étais incapable de croire en elle pendant la plus grande partie de ma vie d'adulte.

Mais je crois en elle désormais, et les pages qui suivent vous diront pourquoi.

Je suis neurochirurgien.

J'ai été diplômé de l'université de Caroline du Nord à Chapel Hill en 1976 avec une spécialité en chimie, et j'ai obtenu mon diplôme de médecin à l'École de médecine de l'université Duke en 1980. Au cours de mes onze années à l'école de médecine, puis en tant qu'interne à Duke, à l'hôpital Général du Massachusetts et à Harvard, je me suis concentré sur la neuroendocrinologie, l'étude des interactions entre le système nerveux et le système endocrine – l'ensemble des glandes qui produisent les hormones contrôlant la plupart de nos activités corporelles. J'ai également passé deux de ces onze années à étudier la façon dont réagissent les vaisseaux sanguins d'une région du cerveau lorsqu'il se produit un saignement dû à un anévrisme – un syndrome appelé vasospasme cérébral.

Après un poste d'enseignant-chercheur en neurochirurgie vasculaire à Newcastle au Royaume-Uni, j'ai passé quinze ans à l'École de médecine de la faculté Harvard en tant que professeur associé de chirurgie, avec une spécialisation en neurochirurgie. Au cours de ces années, j'ai opéré un nombre incalculable de patients, dont beaucoup étaient atteints de pathologies du cerveau graves et potentiellement mortelles.

L'essentiel de mon travail de recherche a concerné le développement de procédures techniques avancées telles que la radiochirurgie stéréotaxique, une technique qui permet aux chirurgiens de guider précisément les rayonnements sur des cibles spécifiques profondes dans le cerveau, sans léser les régions adjacentes. J'ai également contribué à développer des procédures de neurochirurgie instrumentale guidée par l'ima-gerie par résonance magnétique, pour traiter des pathologies difficiles comme les tumeurs et les troubles vasculaires.

Au cours de ces années, j'ai également écrit ou coécrit plus de 150 chapitres et articles pour des revues médicales à comité de lecture et présenté mes travaux dans plus de deux cents congrès médicaux à travers le monde.

En résumé, je me suis dévoué à la science. Se servir des outils de la médecine moderne pour aider et guérir les gens, et en apprendre davantage sur le fonctionnement du corps humain et du cerveau, était l'appel de ma vie. Je me sentais immensément chanceux d'avoir pu y répondre. Par-dessus tout, j'avais une femme merveilleuse et deux enfants adorables, et même si j'étais par bien des aspects marié à mon travail, je n'ai pas négligé ma famille, que je considérais comme l'autre grande bénédiction dans mon existence. À de nombreux points de vue, j'étais un homme qui avait beaucoup de chance et je le savais.

Le 10 novembre 2008 cependant, à l'âge de cinquante-quatre ans, ma chance a semblé tourner. J'ai été frappé par une maladie peu fréquente et plongé dans le coma pendant sept jours. Pendant cette période, l'ensemble de mon néocortex – la surface externe du cerveau, la partie qui fait de nous des humains – était éteint. Inopérant. Essentiellement absent.

Quand votre cerveau est absent, vous l'êtes également. En tant que neurochirurgien, j'avais entendu au cours des années de nombreuses histoires de personnes qui avaient vécu des expériences étranges, le plus souvent à la suite d'un arrêt cardiaque : des histoires de voyage dans des paysages mystérieux, merveilleux ; de retrouvailles avec des proches décédés – et même de rencontres avec Dieu.

Des histoires extraordinaires, sans conteste. Mais tout cela était de mon point de vue du pur fantasme. Par quoi étaient provoquées ces espèces d'expériences d'autres réalités que les personnes rapportaient si souvent ? Je ne prétendais pas le savoir, mais je savais qu'elles dépendaient du cerveau. Comme toute la conscience. Si l'on ne dispose pas d'un cerveau en état de marche, on ne peut pas être conscient.

La raison en est que le cerveau est la machine qui produit la conscience en premier lieu. Quand la machine est cassée, la conscience s'arrête. Aussi complexe et mystérieuse que soit la véritable mécanique des processus cérébraux, par essence le problème est aussi simple que cela. Débranchez la prise et la télévision s'arrête. Le spectacle est terminé, quel que soit le plaisir que l'on pouvait y prendre.

En tout cas, c'est ce que je vous aurais dit avant que mon propre cerveau ne lâche. Pendant mon coma mon cerveau ne fonctionnait pas avec difficulté – il ne fonctionnait pas *du tout*. Je pense aujourd'hui que ceci a probablement été la cause de la profondeur et de l'intensité de l'expérience de mort imminente (EMI) que j'ai moi-même vécue au cours de cette période. Beaucoup des EMI qui sont rapportées surviennent lorsque le cœur de la personne était arrêté pendant quelques instants. Dans ces cas-là, le néocortex est temporairement inactivé, mais il n'est en général pas trop lésé, à condition que le flux de sang oxygéné soit rétabli dans les quatre minutes environ par une réanimation cardio-pulmonaire ou la réactivation de la fonction cardiaque. Mais dans mon cas, le néocortex n'était plus dans le coup. J'ai rencontré la réalité d'un plan de conscience qui existait *totalement indépendamment des limitations de mon cerveau*.

Par certains aspects mon EMI a été exemplaire. En tant que neurochirurgien en exercice avec derrière moi des décennies de recherche et de travaux pratiques dans la salle d'opération, j'étais dans une position plutôt favorable pour juger non seulement de la réalité, mais aussi des *implications* de ce qui m'est arrivé.

Ces implications sont considérables au-delà de toute description. Mon expérience m'a montré que la mort du corps et du cerveau n'est pas la fin de la conscience, que l'expé-rience humaine continue au-delà de la tombe. Plus important encore, elle continue sous le regard d'un Dieu qui aime et chérit chacun d'entre nous et vers lequel convergent au bout du compte l'univers lui-même et tous les êtres qui s'y trouvent.

L'endroit où je me suis rendu était réel. Réel d'une façon qui fait ressembler la vie que nous vivons ici et maintenant à un simple rêve. Cela ne veut pas dire toutefois que je n'accorde pas de valeur à la vie que je vis maintenant. En fait, je lui accorde plus de valeur que jamais. Et ce, parce que je la vois maintenant dans son véritable contexte.

La vie n'est pas sans signification. Mais nous ne pouvons pas voir cette réalité à partir d'ici – en tout cas la plupart du temps. Ce qui m'est arrivé pendant que j'étais dans le coma est sans conteste l'histoire la plus importante que je n'aurai jamais à raconter. Mais c'est une histoire délicate à raconter, car elle est tellement étrangère à notre compréhension ordinaire. Je ne peux pas simplement la crier sur les toits. Dans le même temps, mes conclusions sont fondées sur une analyse médicale de mon expérience et sur ma bonne connaissance des concepts les plus pointus en matière de science du cerveau et d'études sur la conscience. Une fois que j'ai pu comprendre la vérité derrière mon voyage, j'ai su que je *devais* le raconter. Le faire correctement est devenu la tâche la plus importante de ma vie.

Cela ne veut pas dire que j'ai abandonné mon travail de médecin et ma vie de neurochirurgien. Mais maintenant que j'ai eu le privilège de comprendre que notre vie ne s'arrête pas avec la mort du cerveau, je considère comme mon devoir, mon appel, de raconter aux gens ce que j'ai vu au-delà du corps et au-delà de cette terre. Je suis particulièrement enthousiaste à l'idée de raconter mon histoire à des personnes qui ont certainement entendu des histoires semblables à la mienne auparavant et ont voulu les croire, mais n'en ont pas été pleinement capables.

C'est pour ces personnes-là, plus que toute autre, que j'ai écrit ce livre et le message qu'il renferme. Ce que j'ai à vous dire est aussi important que tout ce que quiconque n'aura jamais à vous dire, et c'est la vérité.

1

La Douleur

Lynchburg, Virginie – 10 novembre 2008

Mes yeux se sont ouverts. Dans la pénombre de notre chambre, j'ai regardé la lueur rouge du radioréveil : 4 h 30 – une heure avant mon heure habituelle de réveil pour effectuer le parcours de soixante-dix minutes entre notre maison de Lynchburg en Virginie et la Fondation de chirurgie par ultrasons concentrés à Charlottesville où je travaillais. Mon épouse, Holley, dormait profondément à côté de moi.

Après avoir travaillé presque vingt ans en neurochirurgie universitaire dans la région de Boston, j'avais déménagé avec Holley et le reste de la famille sur les hautes terres de Virginie deux ans plus tôt, en 2006. Holley et moi nous étions rencontrés en octobre 1977, deux ans après que nous avions l'un et l'autre terminé le premier cycle universitaire. Holley préparait une maîtrise à l'École des beaux-arts et j'étais à l'École de médecine. Elle était sortie quelquefois avec mon camarade de chambre Vic. Un jour il est venu me voir en sa compagnie – probablement pour me la montrer. Alors qu'ils partaient, j'ai dit à Holley qu'elle pouvait revenir quand elle le souhaitait, ajoutant qu'elle ne devait pas se sentir obligée d'amener Vic.

Lors de notre premier vrai rendez-vous, nous sommes allés à une fête à Charlotte en Caroline du Nord, deux heures et demie aller et autant au retour. Holley avait une laryngite, si bien que j'avais dû assurer 99 % de la conversation. C'était facile. Nous nous sommes mariés en juin 1980 à l'église épiscopale Saint-Thomas de Windsor en Caroline du Nord, et peu après nous avons emménagé dans un appartement du quartier des Chênes-Royaux à Durham, où j'étais externe en chirurgie à l'université Duke. Notre logement était loin d'être royal, et je ne me souviens pas non plus avoir vu là le moindre chêne. Nous avions peu d'argent, mais nous étions tous deux si occupés – et si heureux d'être ensemble – que cela nous était égal. L'un de nos premiers séjours de vacances fut une tournée printanière des plages de Caroline du Nord en camping. Le printemps est la saison des moucherons piqueurs dans les Carolines, et notre tente n'offrait pas beaucoup de protection contre ces derniers. Ce qui ne nous a pas empêchés de nous amuser. En nageant dans les vagues un après-midi près de l'île d'Ocracoke, j'ai trouvé un moyen d'attraper les crabes bleus qui se pressaient à mes pieds. Nous en avons apporté une bonne quantité au motel de Pony Island où nous avons retrouvé quelques amis, et les avons fait griller. Il y en avait pour tout le monde. Malgré toutes nos astuces, il n'a pas fallu longtemps pour que nous nous retrouvions complètement fauchés. Nous étions avec nos amis Bill et Patty Wilson, et sur un coup de tête nous avons décidé de les accompagner pour une soirée de bingo. Bill y venait chaque jeudi tous les étés depuis dix ans et n'avait jamais gagné. C'était la première fois que Holley jouait au bingo. Appelez ça la chance du débutant, ou une intervention divine, mais elle a gagné deux cents dollars – qui étaient pour nous comme cinq mille dollars. L'argent nous a permis de prolonger nos vacances et d'être bien plus détendus.

J'ai obtenu mon diplôme de médecin en 1980, au moment même où Holley obtenait son propre diplôme et commençait sa carrière d'artiste et d'enseignante. J'ai réalisé ma première opération du cerveau en solo à Duke en 1981. Notre premier enfant, Eben IV, est né en 1987 à la maternité Princess Mary de Newcastle en Angleterre, pendant ma période d'enseignement et de recherche cérébrovasculaire, et notre plus jeune fils, Bond, est né à l'hôpital Brigham & Women de Boston en 1998.

J'ai beaucoup aimé mes quinze années passées à l'École de médecine de Harvard et au Brigham & Women's Hospital. Notre famille a adoré ces années dans la région de Boston.

Mais, en 2005, Holley et moi avons décidé qu'il était temps de retourner dans le Sud. Nous voulions être plus proches de nos familles et j'y ai vu une occasion d'avoir un peu plus d'autonomie que je n'en avais eue à Harvard. Ainsi, au printemps 2006, nous avons démarré une nouvelle vie à Lynchburg, sur les hautes terres de Virginie. Il ne nous a pas fallu longtemps pour nous réinstaller dans la vie plus tranquille que nous avions tous deux connue en grandissant dans le Sud.

Pendant un moment je suis resté allongé là, essayant vaguement de me concentrer sur ce qui m'avait réveillé. Le jour précédent – un dimanche – avait été ensoleillé, clair et juste un peu frais – un temps classique de fin d'automne en Virginie. Holley, Bond (qui avait dix ans à l'époque) et moi étions allés à un barbecue chez un voisin. Dans la soirée nous avions parlé à notre fils Eben IV (alors âgé de vingt ans) qui était étudiant à l'université du Delaware. Le seul petit souci de la journée avait été le virus respiratoire bénin que Holley, Bond et moi traînions depuis la semaine précédente. Mon dos avait commencé à me faire mal juste avant de me coucher et j'avais alors pris un bain rapide, ce qui semblait avoir neutralisé la douleur. Je me demandais si je m'étais réveillé si tôt ce matin parce que le virus rôdait toujours dans mon corps.

Je me suis tourné légèrement dans le lit et une vague de douleur a frappé le bas de ma colonne vertébrale – bien plus intensément que le soir précédent. Manifestement, le virus grippal était toujours là et bien là. Plus je me réveillais et plus la douleur devenait forte. Puisque j'étais incapable de me rendormir et que j'avais une heure devant moi avant d'entamer ma journée de travail, j'ai décidé de prendre un autre bain chaud. Je me suis assis dans le lit, j'ai posé mes pieds au sol et je me suis levé.

Aussitôt la douleur est encore montée d'un cran – une douleur sourde et lancinante qui pénétrait profondément la base de ma colonne vertébrale. Laissant Holley dormir, je suis sorti en marchant doucement dans le couloir pour me rendre à la salle de bains.

J'ai commencé à faire couler l'eau et me suis installé dans la baignoire, pratiquement certain que la chaleur allait instantanément me faire du bien. Faux. Le temps que la baignoire soit à moitié remplie, je savais que j'avais fait une erreur. Non seulement la douleur avait empiré, mais elle était maintenant si intense que je craignais devoir crier pour appeler Holley afin qu'elle m'aide à sortir de la baignoire.

Pensant au ridicule qu'atteignait la situation, je me suis redressé et j'ai attrapé une serviette juste au-dessus de moi. Je l'ai fait glisser le long du porte-serviette jusqu'au bord pour que celui-ci ne cède pas sous mon poids et j'ai tiré doucement.

Une autre salve de douleur a envahi mon dos, si vive que j'en ai eu le souffle coupé. À coup sûr ce n'était pas la grippe. Mais que cela pouvait-il être d'autre ? J'ai réussi tant bien que mal à sortir de la baignoire glissante puis j'ai enfilé mon peignoir de bain, je suis lentement retourné dans notre chambre et je me suis écroulé sur le lit. Mon corps était de nouveau moite et couvert de sueur.

Holley s'est réveillée et s'est tournée vers moi.

« Que se passe-t-il ? Quelle heure est-il ? »

« Je ne sais pas », ai-je répondu. « Mon dos. J'ai très mal. »

Holley a commencé à me frotter le dos. Étonnamment, cela m'a fait du bien. Les médecins, de façon générale, n'aiment pas beaucoup être malades. Je ne fais pas exception. Pendant un moment j'étais convaincu que la douleur – quelle qu'en soit la cause – allait commencer à céder. Mais à 6 h 30, l'heure à laquelle je partais habituellement au travail, j'étais toujours à l'agonie et pratiquement paralysé.

Bond est arrivé dans notre chambre à 7 h 30, curieux de savoir pourquoi j'étais toujours à la maison.

« Que se passe-t-il ? »

« Ton père ne se sent pas bien, chéri », a répondu Holley.

J'étais toujours étendu sur le lit avec ma tête soutenue par un oreiller. Bond est venu près de moi et a commencé à me masser doucement les tempes.

Le contact de ses mains a provoqué comme une décharge électrique dans ma tête – la pire douleur jusqu'alors. J'ai crié. Surpris par ma réaction, Bond a fait un saut en arrière.

« Tout va bien », a dit Holley, alors qu'elle pensait manifestement le contraire.

« Ce n'est pas de ta faute. Papa a un mal de tête terrible. » Puis je l'ai entendue dire, plus pour elle-même qu'à mon intention : « Je me demande si je dois appeler une ambulance. »

S'il y a une chose que les médecins détestent encore plus que le fait d'être malade, c'est de se retrouver aux urgences en tant que patient. J'ai commencé à imaginer la maison remplie d'ambulanciers et de paramédicaux, la liste des questions classiques, le trajet jusqu'à l'hôpital, les paperasses… Je me suis dit que j'allais finir par me sentir mieux et que je regretterais d'avoir appelé une ambulance.

« Non, ça va », ai-je dit. « C'est douloureux maintenant, mais ça va aller mieux rapidement. Tu devrais préparer Bond pour aller à l'école. »

« Eben, je pense vraiment… »

« Ça va aller », ai-je coupé, mon visage toujours enfoui dans l'oreiller. J'étais toujours paralysé par la douleur. « Sérieusement, n'appelle pas d'ambulance. Je ne suis pas si malade. C'est juste un spasme musculaire en bas de mon dos et un mal de tête. »

À contrecœur, Holley est descendue avec Bond pour lui préparer un petit déjeuner avant de l'accompagner dans la rue jusqu'à la maison d'un voisin pour qu'il prenne le bus scolaire. Au moment où Bond a passé le seuil de la maison, la pensée m'est venue que si j'avais quelque chose de grave et que j'allais à l'hôpital, je ne le verrais pas après l'école cet après-midi-là. J'ai rassemblé toute mon énergie pour lancer d'une voix rauque : « Passe une bonne journée à l'école, Bond. »

Le temps que Holley remonte l'escalier pour me voir, j'étais en train de sombrer dans l'inconscience. Croyant que je m'étais rendormi, elle m'a laissé me reposer et est redescendue pour appeler quelques-uns de mes collègues, en espérant obtenir leur avis sur ce qui pouvait bien m'arriver.

Deux heures plus tard, estimant que je m'étais reposé suffisamment longtemps, elle est revenue me voir. En ouvrant la porte de notre chambre, elle m'a vu toujours allongé dans la même position. Mais en regardant de plus près, elle a compris que mon corps n'était plus du tout relâché comme auparavant, mais qu'il était raide comme une planche. Elle a allumé la lumière et vu que j'étais parcouru de secousses. Ma mâchoire inférieure s'avançait de façon anormale et mes yeux étaient ouverts et révulsés.

« Eben, dis quelque chose ! », a crié Holley. Devant l'absence de réponse, elle a composé le numéro des urgences. Il a fallu aux paramédicaux moins de dix minutes pour arriver et ils m'ont rapidement embarqué dans l'ambulance, direction les urgences de l'hôpital général de Lynchburg.

Si j'avais été conscient, j'aurais expliqué à Holley exactement ce qui se passait pendant les moments terrifiants où elle attendait l'ambulance : une crise d'épilepsie tonico-clonique (ou « grand mal épileptique »), provoquée sans aucun doute par une attaque très grave de mon cerveau. Mais bien entendu, j'étais incapable de le faire.

Pour les sept jours à venir, j'allais seulement être présent auprès de Holley et du reste de ma famille en tant que corps. Je ne me rappelle rien de ce monde au cours de cette semaine, et il a fallu que l'on me raconte ce qui s'est passé de ce côté-ci pendant que j'étais inconscient. Mon esprit, ma conscience – quel que soit le nom que l'on veuille donner à cette part de moi-même essentielle et humaine – n'étaient plus là.

2

L'Hôpital

Le service des urgences de l'hôpital général de Lynchburg est le deuxième service le plus fréquenté de Virginie et il est généralement au maximum de son activité dès 9 h 30 les jours de semaine. Ce lundi ne faisait pas exception. Même si je passais l'essentiel de mes journées de travail à Charlottesville, j'avais réalisé de nombreuses opérations au Lynchburg General et j'y connaissais pratiquement tout le monde.

Laura Potter, une urgentiste que je connaissais et avec laquelle je travaillais depuis presque deux ans, avait reçu l'appel de l'ambulance annonçant qu'un homme blanc de cinquante-quatre ans en état de mal épileptique allait arriver aux urgences. Tout en se rendant à l'arrivée des ambulances, elle a parcouru la liste des causes possibles de l'état du patient. C'était la même liste que celle à laquelle je serais parvenu si j'avais été à sa place : sevrage alcoolique ; overdose de drogue ; hyponatrémie (taux de sodium sanguin anormalement bas) ; accident vasculaire cérébral ; tumeur cérébrale primaire ou métastatique ; hémorragie intraparenchymateuse (saignement dans la substance cérébrale) ; abcès cérébral... et méningite.

Alors que les brancardiers me conduisaient dans la salle principale du service des urgences, j'avais toujours de violentes convulsions, tout en gémissant et en agitant les bras et les jambes par intermittence.

Il était évident aux yeux du Dr Potter, d'après la façon dont je me débattais et me contorsionnais, que mon cerveau subissait une attaque sévère. Une infirmière a amené un chariot d'urgence, une autre m'a pris du sang et une troisième a remplacé la poche à perfusion, maintenant vide, qu'avaient placée les paramédicaux avant de me charger dans l'ambu-lance. Alors qu'ils travaillaient sur moi, je me tortillais comme un poisson de deux mètres qu'on aurait sorti de l'eau. J'éructais des sons confus, incompréhensibles, et je poussais des cris comme un animal. Pour Laura, les attaques étaient tout aussi troublantes que le fait que je semblais manifester une asymétrie du contrôle moteur de mon corps. Cela pouvait signifier que non seulement mon cerveau était attaqué, mais qu'il était possible que des dommages cérébraux graves et irréversibles soient déjà intervenus.

La vue d'un patient dans un tel état exige une certaine habitude, mais Laura en avait vu d'autres au cours de ses nombreuses années aux urgences. Cependant, elle n'avait jamais vu un de ses confrères médecin amené aux urgences dans ces conditions, et en regardant plus attentivement le patient qui se tordait et hurlait sur le brancard, elle a dit, presque pour elle-même : « Eben. » Puis, plus fort, alertant les autres médecins et infirmières qui se trouvaient là : « C'est Eben Alexander. » Les soignants qui l'avaient entendue se sont approchés de mon brancard. Holley, qui avait suivi l'ambu-lance, a rejoint le groupe pendant que Laura passait en revue les causes possibles les plus évidentes pour quelqu'un dans mon état. Étais-je en sevrage alcoolique ? Avais-je consommé récemment une forte drogue hallucinogène ? Puis elle s'est mise au travail pour tenter de stopper la crise.

Au cours des mois précédents, Eben IV m'avait engagé dans un vigoureux programme de préparation pour un projet père-fils d'ascension du mont Cotopaxi en Équateur, haut de 5 897 mètres, qu'il avait déjà escaladé au mois de février. Le programme avait considérablement accru ma force, ce qui rendait plus difficile encore le travail des soignants pour me maîtriser. Cinq minutes et 15 milligrammes de diazépam en intraveineuse plus tard, je délirais et je me débattais toujours mais, au soulagement du Dr Potter, au moins le faisais-je maintenant avec les deux côtés de mon corps. Holley a décrit à Laura le terrible mal de tête que j'avais eu avant la crise, ce qui a amené le Dr Potter à réaliser une ponction lombaire – une procédure qui consiste à prélever une petite quantité de liquide cérébrospinal à la base de la colonne vertébrale.

Le liquide cérébrospinal (ou céphalo-rachidien) est une substance translucide qui circule autour de la moelle épinière et entoure le cerveau, le protégeant des chocs. Un corps humain normal et en bonne santé en produit environ un demi-litre par jour, et toute diminution de la clarté du liquide indique qu'une infection ou une hémorragie est intervenue.

Une telle infection est appelée méningite : l'inflammation des méninges, les membranes qui tapissent l'intérieur de la colonne vertébrale et du crâne et qui sont en contact direct avec le liquide cérébrospinal. Quatre fois sur cinq, la maladie est causée par un virus. La méningite virale peut rendre un patient très malade, mais elle n'est mortelle que dans environ un pour cent des cas. Dans un cas sur cinq, cependant, la méningite est due à une bactérie. Les bactéries, qui sont plus primitives que les virus, peuvent se révéler un ennemi plus dangereux. Les cas de méningites bactériennes sont invariablement mortels s'ils ne sont pas traités. Et même s'ils sont traités rapidement à l'aide d'antibiotiques, le taux de mortalité reste de 15 à 40 pour cent.

L'un des coupables les moins probables pour une méningite bactérienne chez les adultes est une bactérie très ancienne et très résistante appelée *Escherichia coli* – plus connue comme simplement *E. coli*. Personne ne sait à quel point précisément *E. coli* est ancienne, mais les estimations varient entre trois et quatre milliards d'années. Cet organisme n'a pas de noyau et se reproduit par le procédé très primitif mais extrêmement efficace de la fission binaire asexuée (c'est-à-dire en se séparant en deux). Imaginez une cellule remplie pour l'essentiel d'ADN et qui peut absorber des nutriments (habituellement à partir d'autres cellules qu'elle attaque et ingère) directement à travers ses parois. Puis imaginez qu'elle puisse simultanément copier plusieurs brins d'ADN et se diviser en deux cellules filles toutes les vingt minutes environ. En une heure, vous en obtenez huit. En douze heures, 69 milliards. Une heure et quinze minutes plus tard, vous en auriez 35 billions (mille milliards). Cette croissance explosive ne s'arrête que lorsque la nourriture vient à manquer.

E. coli a en plus des mœurs très légères. Elle échange des gènes avec d'autres espèces bactériennes par un procédé appelé conjugaison bactérienne, qui permet à une cellule *E. coli* d'adopter rapidement de nouvelles caractéristiques (comme la résistance à un nouvel antibiotique) lorsque c'est nécessaire. Cette recette basique pour le succès a permis à *E. coli* de rester sur la planète depuis les premiers jours de la vie unicellulaire. Nous avons tous des bactéries *E. coli* qui habitent à l'intérieur de nous – principalement dans le tractus gastro-intestinal. Dans des conditions normales, cela ne constitue aucunement une menace pour nous. Mais quand une variété d'*E. coli* qui a intégré un brin d'ADN la rendant particulièrement agressive envahit le liquide cérébrospinal autour de la moelle épinière et du cerveau, les cellules primitives commencent immédiatement à dévorer le glucose qui se trouve dans le liquide et tout ce qu'il y a d'autre à consommer, dont le cerveau lui-même.

À ce stade, personne aux urgences ne pensait que j'avais une méningite à *E. coli*. Ils n'avaient aucune raison de le suspecter. La maladie est astronomiquement rare chez l'adulte. Les nouveau-nés sont les victimes les plus fréquentes, mais les cas de bébés de plus de trois mois atteints par la maladie sont rarissimes. Moins d'un adulte sur 10 millions la contracte spontanément chaque année.

En cas de méningite bactérienne, la bactérie attaque d'abord la couche externe du cerveau, le cortex. Le mot *cortex* vient du latin qui signifie « enveloppe » ou « écorce ». Si on imagine une orange, sa peau est un assez bon modèle de la façon dont le cortex entoure les parties plus primitives du cerveau. Le cortex est responsable de la mémoire, du langage, des émotions, de la sensibilité visuelle et auditive, et du raisonnement logique. Ainsi, lorsqu'un organisme comme *E. coli* attaque le cerveau, les premiers dommages touchent les régions responsables des fonctions les plus cruciales au maintien de nos qualités humaines. De nombreuses victimes de méningite bactérienne meurent dans les premiers jours de leur maladie. Parmi celles qui parviennent aux urgences avec une perte rapide des fonctions neurologiques, comme c'était mon cas, seulement dix pour cent ont assez de chance pour survivre. Cependant, cette chance est limitée, car beaucoup d'entre elles passeront le reste de leur vie dans un état végétatif.

Même si elle ne suspectait pas une méningite à *E. coli*, le Dr Potter pensait que je devais avoir une *forme* d'infection cérébrale, raison pour laquelle elle a décidé de pratiquer une ponction lombaire. Au moment même où elle demandait à l'une des infirmières de lui apporter le matériel de ponction et de me préparer pour la procédure, mon corps s'est soulevé violemment comme si mon brancard était électrifié. Avec l'énergie du désespoir, j'ai laissé échapper une longue plainte d'agonie, j'ai arqué mon dos et agité mes bras en l'air. Mon visage était écarlate et les veines de mon cou affreusement gonflées. Laura a appelé de l'aide et rapidement deux, puis quatre et finalement six personnes ont lutté pour me tenir en place pour la ponction. Ils ont maintenu mon corps en position fœtale pendant que Laura m'administrait plus de sédatifs. Finalement, ils ont réussi à me garder suffisamment immobile pour que l'aiguille puisse pénétrer à la base de ma colonne vertébrale.

Quand les bactéries attaquent, le corps passe immédiatement en mode défensif et envoie ses troupes de choc de globules blancs depuis leurs bases dans la rate et la moelle osseuse pour combattre les envahisseurs. Ils constituent les premières pertes dans la guerre cellulaire massive qui s'engage dès l'instant où un agent biologique étranger pénètre dans le corps, et le Dr Potter savait que le moindre trouble de mon liquide cérébrospinal serait dû à mes globules blancs.

Le Dr Potter s'est penchée et a observé attentivement le manomètre, le tube vertical transparent dans lequel le liquide cérébrospinal allait émerger. La première surprise de Laura a été que le liquide n'a pas coulé goutte à goutte mais a jailli – à cause d'une dangereuse surpression. Sa seconde surprise était due à l'apparence du liquide. La moindre opacité lui indiquerait que j'avais un problème grave. Ce qui avait jailli dans le manomètre était visqueux et blanc, avec une légère pointe de vert.

Mon liquide cérébrospinal était plein de pus.

3

Venu de Nulle Part

Le Dr Potter a alerté le Dr Robert Brennan, l'un de ses associés au Lynchburg General et spécialiste en maladies infectieuses. En attendant que les résultats d'autres tests reviennent du laboratoire, ils ont passé en revue tous les diagnostics possibles ainsi que les options thérapeutiques.

Minute après minute, alors que les résultats de tests arrivaient, je continuais à gémir et à me tordre sous les sangles de mon brancard. Une situation encore plus étonnante se dessinait. La coloration de Gram (un test chimique, du nom du physicien danois qui a mis au point la méthode permettant de classer un germe en Gram négatif ou Gram positif) est revenue avec un résultat Gram négatif – ce qui était très inhabituel.

Pendant ce temps, un scanner de mon crâne par tomodensitométrie a montré que la barrière méningée de mon cerveau était dangereusement enflée et enflammée. On a placé un tube respiratoire dans ma trachée, pour permettre au respirateur artificiel d'opérer la fonction à ma place – douze respirations par minute exactement –, et une batterie de moniteurs a été installée autour de mon lit pour enregistrer tout ce qui se passait dans mon corps et dans mon cerveau maintenant pratiquement anéanti.

Parmi les quelques adultes qui contractent spontanément une méningite bactérienne à *E. coli* chaque année (c'est-à-dire sans chirurgie du cerveau ou traumatisme crânien grave), la plupart le font pour une raison tangible telle qu'une déficience de leur système immunitaire (souvent due au sida). Mais je n'avais aucun des facteurs qui pouvaient m'avoir rendu vulnérable à la maladie. D'autres bactéries peuvent causer une méningite en pénétrant à partir des sinus nasaux ou de l'oreille moyenne, mais pas *E. coli*. L'espace cérébrospinal est trop bien isolé du reste du corps pour que cela se produise. À moins que la colonne vertébrale ou le crâne soient perforés (par une électrode de stimulation cérébrale profonde contaminée, ou un « shunt » installé par un neurochirurgien par exemple), une bactérie comme *E. coli* qui réside habituellement dans les intestins n'a tout simplement pas accès à cette zone. J'avais moi-même installé des centaines de shunts et de stimulateurs dans le cerveau de mes patients, et si j'avais pu donner mon avis, j'aurais admis avec mes médecins déconcertés que, pour le dire simplement,

41

j'avais une maladie qu'il m'était virtuellement impossible d'avoir.

Toujours incapables d'admettre l'évidence présentée par les résultats de mes tests, les deux médecins ont passé quelques coups de fil à des experts en maladies infectieuses dans des centres médicaux universitaires de premier plan. Tous ont reconnu que les résultats orientaient vers un seul diagnostic possible.

Mais contracter un cas sévère de méningite bactérienne à *E. coli* à partir de l'air ambiant n'était pas ma seule prouesse médicale de ce premier jour à l'hôpital. Juste avant de quitter la salle des urgences, après deux heures ininterrompues de gémissements et de plaintes animales, je suis devenu silencieux. Puis, sortis de nulle part, j'ai hurlé trois mots. Ils étaient parfaitement clairs et ont été entendus par tous les médecins et infirmières présents, de même que Holley, qui se trouvait à quelques pas de là, de l'autre côté du rideau. « Dieu, aide-moi ! »

Tout le monde s'est précipité auprès de mon brancard. Le temps qu'ils arrivent, j'étais totalement sans réaction. Je n'ai aucun souvenir de la période que j'ai passée aux urgences, ni de ces trois mots que j'ai criés. Mais c'étaient les derniers que je prononçais pour les sept jours qui allaient suivre.

4

Eben IV

Une fois dans la Section principale 1, j'ai continué à décliner. Le taux de glucose dans le liquide céphalo-rachidien (LCR) d'une personne en bonne santé est d'environ 80 milligrammes par décilitre. Une personne très malade et proche de la mort à cause d'une méningite bactérienne peut avoir un niveau aussi bas que 20 milligrammes par décilitre.

Mon taux de sucre dans le LCR était de 1. Mon score de Glasgow (mesure de la gravité du coma) était de huit sur quinze, indiquant une maladie cérébrale grave, et il a continué à baisser au cours des jours suivants. Mon score APACHE II (score de gravité en réanimation) aux urgences était de 18 sur 71, indiquant que j'avais un risque de mourir au cours de mon hospitalisation d'environ 30 %. Plus précisément, compte tenu de mon diagnostic de méningite bactérienne à germe Gram négatif et de mon déclin neurologique rapide dès l'arrivée, j'avais, au mieux, seulement 10 % de chance environ de survivre à mon état lorsque j'ai été admis aux urgences.

Si les antibiotiques n'agissaient pas, le risque de mortalité allait continuer à grimper inexorablement au cours des jours suivants – jusqu'à atteindre le niveau non négociable de 100 %.

Les médecins ont perfusé mon corps de trois intraveineuses d'antibiotiques puissants avant de m'envoyer dans ma nouvelle résidence : une grande chambre privée, n° 10, de l'unité de soins intensifs, un étage au-dessus des urgences.

J'étais venu bien des fois dans ces USI en tant que chirurgien. C'est l'endroit où l'on amène les personnes les plus gravement malades, presque à l'article de la mort, pour que plusieurs personnels médicaux puissent travailler sur elles simultanément. Une telle équipe, qui se bat en parfaite coordination pour garder un patient en vie quand tout semble sur le point d'être perdu, est quelque chose d'extraordinaire à voir. J'avais connu aussi bien des moments d'énorme fierté que de brutales désillusions dans de tels endroits, selon que le patient à sauver et pour qui nous luttions s'en était sorti ou nous avait glissé entre les doigts.

Le Dr Brennan et les autres médecins restaient aussi optimistes que possible avec Holley, compte tenu des circonstances. Celles-ci ne leur permettaient guère d'être très optimistes. La vérité était que j'avais un risque élevé de mourir, très rapidement. Même si je survivais, la bactérie qui attaquait mon cerveau avait probablement déjà dévoré suffisamment de mon cortex pour compromettre toute activité de mes fonctions cérébrales supérieures. Plus je restais dans le coma, plus il devenait probable que j'allais passer ma vie dans un état végétatif chronique.

Heureusement, non seulement le staff du Lynchburg General, mais aussi d'autres personnes étaient en train de se réunir pour apporter leur aide. Michael Sullivan, notre voisin et pasteur de notre église épiscopale, est arrivé aux urgences environ une heure après Holley. Juste après qu'elle soit sortie de la maison pour suivre l'ambulance, son téléphone avait vibré. C'était son amie de longue date Sylvia White. Sylvia avait toujours une étonnante propension à se manifester précisément quand des choses importantes se produisaient. Holley était convaincue qu'elle était médium. (J'avais opté pour l'explication plus sûre et moins risquée qu'elle devinait simplement mieux que les autres.) Holley a expliqué à Sylvia ce qui se passait et elles ont toutes deux appelé ma famille immédiate : ma jeune sœur, Betsy, qui habitait tout près, ma sœur Phyllis, à quarante-huit ans la benjamine d'entre nous, qui vivait à Boston, et Jean, la plus âgée.

Ce lundi matin Jean traversait la Virginie en direction du sud depuis son domicile dans le Delaware. Il se trouve qu'elle était en route pour aider notre mère, qui vivait à Winston-Salem. Le téléphone portable de Jean a sonné. C'était son mari, David.

« As-tu déjà passé Richmond ? », a-t-il demandé.

« Non », a dit Jean, « je suis encore au nord sur l'I-95. »

« Alors prends la route 60 vers l'ouest, puis la route 24 pour Lynchburg. Holley vient d'appeler. Eben est aux urgences là-bas. Il a eu une attaque cérébrale ce matin et il est inconscient. »

« Oh mon Dieu ! Est-ce qu'ils savent pourquoi ? »

« Ils ne sont pas sûrs, mais ça pourrait être une méningite. »

Jean a pris la sortie juste à temps et s'est engagée sur le bitume ondulé de la route 60 vers l'ouest, sous des nuages bas et filants, jusqu'à la route 24 pour Lynchburg.

C'est Phyllis qui, à trois heures cet après-midi-là, a appelé Eben IV dans sa résidence d'étudiants de l'université du Delaware. Eben était dehors sur son porche en train de réviser un cours de sciences (mon propre père était neurochirurgien et Eben était désormais également attiré par cette carrière) lorsque son téléphone a sonné. Phyllis lui a expliqué rapidement la situation et lui a dit de ne pas s'inquiéter – les médecins avaient tout sous contrôle.

« Ont-ils la moindre idée de ce que c'est ? », a demandé Eben.

« Eh bien, ils ont parlé de bactérie à Gram négatif et de méningite. »

« J'ai deux examens dans les jours qui viennent, alors je vais aller voir mes professeurs », a dit Eben.

Eben m'a raconté plus tard qu'il hésitait à croire dans un premier temps que je courais un grave danger, comme le laissait entendre Phyllis, car Holley et elle avaient toujours tendance à « en rajouter » – *et* je n'avais jamais été malade. Mais quand Michael Sullivan l'a appelé une heure plus tard, il a compris qu'il devait prendre la voiture et venir – *immédiatement*.

Alors qu'Eben se dirigeait vers la Virginie, une petite pluie verglaçante a commencé à tomber. Phyllis avait décollé de Boston à six heures, et alors qu'Eben arrivait au pont de l'autoroute I45 au-dessus de la rivière Potomac pour entrer en Virginie, elle traversait les nuages pour se poser. Elle a atterri à Richmond, loué une voiture et pris, elle aussi, la route 60.

Quelques kilomètres avant d'arriver à Lynchburg, Eben a appelé Holley.

« Comment va Bond ? », a-t-il demandé.

« Il dort », a répondu Holley.

« Je vais directement à l'hôpital dans ce cas », a repris Eben. « Tu es sûr que tu ne veux pas passer à la maison d'abord ? » « Non », a répondu Eben. « Je veux juste voir papa. »

Eben est arrivé à l'unité de soins intensifs à 23 h 15. L'entrée de l'hôpital commençait à se couvrir de givre, et en arrivant dans la lumière brillante de l'accueil il n'a vu qu'une seule infirmière à la réception. Elle l'a conduit jusqu'à mon lit.

À ce stade, tous ceux qui avaient été là plus tôt étaient rentrés chez eux. Les seuls sons que l'on entendait dans la grande pièce faiblement éclairée étaient les bips et les sifflements des machines qui gardaient mon corps en vie.

Eben s'est figé dans l'entrée lorsqu'il m'a vu. En vingt ans, il ne m'avait jamais vu avec plus qu'un rhume. Maintenant, malgré toutes les machines qui faisaient de leur mieux pour donner une autre impression, il regardait ce qu'il savait être, essentiellement, un corps. Mon corps physique était là, en face de lui, mais le papa qu'il connaissait était parti.

Ou peut-être serait-il plus juste d'écrire : ailleurs.

5

Le Monde souterrain

L'obscurité, mais une obscurité visible – comme être pris dans la boue tout en étant capable de voir à travers. Ou peut-être qu'une meilleure description serait de la gelée sale. Transparente, mais d'une manière trouble, floue, claustrophobe et suffocante.

La conscience, mais une conscience sans mémoire ni identité – comme un rêve dans lequel vous savez ce qui se passe autour de vous, mais vous n'avez pas vraiment idée de qui, ou de quoi, *vous* êtes.

Le son, aussi : un battement rythmique, lointain et pourtant puissant, dont chaque pulsation vous traverse entièrement. Comme un battement de cœur ? Un peu, mais plus sombre, plus mécanique – comme le son du métal contre le métal, comme si un forgeron souterrain géant martelait une enclume quelque part au loin : tapant si fort que le son vibre à travers la terre, ou la boue, quelle que soit la vraie nature de cet endroit.

Je n'avais pas de corps – pas dont j'avais conscience en tout cas. J'étais simplement… *là*, dans cet endroit où l'obscurité pulsait, martelait. J'aurais alors pu l'appeler « primordiale ». Mais au moment où cela se produisait, je ne connaissais plus ce mot. En fait, je ne connaissais plus aucun mot. Les mots utilisés ici sont venus bien plus tard lorsque, de retour dans ce monde, j'ai écrit mes souvenirs. Le langage, l'émotion, la logique : tout cela était parti, comme si j'avais régressé au niveau d'un être des tout premiers stades de la vie, peut-être aussi loin que la bactérie primitive qui, à mon insu, avait pris le contrôle de mon cerveau et l'avait éteint.

Combien de temps suis-je resté dans ce monde ? Je n'en ai aucune idée. Quand on se rend dans un endroit où il n'y a pas de sensation du temps telle que nous la connaissons dans le monde ordinaire, décrire précisément ce que l'on ressent est presque impossible. Quand cela se produisait, quand j'étais là, j'avais l'impression (quel que soit ce « je ») que j'avais toujours été là et que je continuerais toujours à l'être.

Cependant, au moins dans un premier temps, je ne m'en souciais guère. Pourquoi le ferais-je, après tout, puisque cet état d'existence était le seul que j'avais jamais connu ? N'ayant aucun souvenir de quelque chose de mieux, je n'étais pas particulièrement mécontent d'être là où j'étais. Je me rappelle avoir conceptualisé que j'allais peut-être survivre ou non, mais mon indifférence à cette éventualité ne faisait que renforcer mon sentiment d'invulnérabilité. Je n'avais aucune idée des lois qui gouvernaient ce monde dans lequel je me trouvais, mais je n'étais pas pressé de les apprendre. Après tout, pour quoi faire ?

Je ne peux pas dire quand ça a commencé exactement, mais à un certain point je me suis mis à avoir conscience de la présence d'objets autour de moi. Ils étaient un peu comme des racines, un peu comme des vaisseaux sanguins dans un gros ventre boueux. Ils émettaient un rougeoiement sombre et sale, venaient de très haut et plongeaient aussi loin vers le bas. Rétrospectivement, regarder tout cela était comme être une taupe ou un ver de terre, enfoui profondément dans le sol et cependant capable de percevoir la matrice enchevêtrée des racines et des plantes autour.

C'est pourquoi, en repensant à cet endroit par la suite, j'en suis venu à l'appeler le Monde Vu du Ver de terre. Pendant longtemps, j'ai suspecté que c'était peut-être une sorte de souvenir de ce que mon cerveau a ressenti au moment où la bactérie commençait à prendre le dessus.

Mais plus je pensais à cette explication (je rappelle que c'était bien plus tard) et moins elle avait de sens. Car – aussi difficile à imaginer que ce soit si l'on n'est pas soi-même allé dans ce lieu – ma conscience n'était pas brumeuse ou dénaturée lorsque je m'y trouvais. Elle était seulement... *limitée*. Je n'étais pas humain pendant que j'étais à cet endroit. Je n'étais même pas animal. J'étais quelque chose en amont, et en dessous, de tout cela. J'étais seulement un point de conscience solitaire dans une éternelle mer rouge-brun.

Plus je restais dans cet endroit et moins je m'y sentais bien. J'étais dans un premier temps immergé si profondément à l'intérieur qu'il n'y avait pas de différence entre « moi » et cet élément mi-effrayant, mi-familier qui m'entourait. Mais peu à peu, cette sensation d'immersion profonde, intemporelle et sans limites a laissé place à autre chose : le sentiment que je n'appartenais pas vraiment et même pas du tout à ce monde souterrain, mais que je m'y trouvais piégé.

Des visages grotesques d'animaux sortaient de la boue, grognaient ou hurlaient, puis disparaissaient de nouveau. J'ai entendu quelques hurlements sourds. Ils se transformaient parfois en chants rythmiques de faible intensité, des chants à la fois terrifiants et étrangement familiers – comme si à un certain point je les avais tous connus et fredonnés moi-même.

Puisque je n'avais aucun souvenir de mon existence précédente, ma présence dans cet espace a duré, duré. Des mois ? Des années ? Une éternité ? Quelle que soit la réponse, j'ai finalement atteint un degré où la sensation de grouillement désagréable l'a totalement emporté sur le sentiment familier d'être à la maison. Plus je commençais à sentir un *moi* – en tant que séparé de l'obscurité froide et humide qui m'entourait – plus les visages qui sortaient de l'obscurité devenaient affreux et menaçants. Le martèlement rythmique que j'entendais au loin s'est également renforcé et intensifié – comme le pas de marche d'une armée de trolls, travailleurs du dessous assurant une tâche sans fin, sauvagement monotone. Le mouvement autour de moi est devenu moins visuel et plus tactile, comme si des créatures reptiliennes ou semblables à des vers se pressaient autour de moi, me touchant à l'occasion avec leur peau douce ou rugueuse.

Puis j'ai pris conscience d'une odeur : un peu comme des excréments, un peu comme du sang, un peu comme du vomi. Une odeur *biologique* en d'autres termes, mais de mort biologique plutôt que de vie biologique. Plus ma conscience s'aiguisait et plus j'approchais de la panique. Qui ou quoi que j'étais, je n'avais rien à faire là. Je devais sortir.

Mais où irais-je ?

Alors même que je posais cette question, quelque chose de nouveau a émergé de l'obscurité au-dessus de moi : quelque chose qui n'était ni froid ni mort ni sombre, mais l'exact opposé de tout cela. Même si j'essayais pendant le restant de mes jours, je ne parviendrais jamais à rendre justice à cette entité qui maintenant s'approchait de moi… en tentant de décrire combien elle était belle.

Mais je vais tout de même essayer.

6

Une Ancre pour la Vie

Phyllis s'est garée sur le parking de l'hôpital un peu moins de deux heures après Eben IV, aux alentours d'une heure du matin. Quand elle est arrivée dans ma chambre de l'USI, elle a trouvé Eben IV assis près de mon lit, qui serrait un oreiller pour l'aider à se tenir éveillé.

« Maman est à la maison avec Bond », a dit Eben, d'un ton qui traduisait tout à la fois la fatigue, la tension et le plaisir de la voir.

Phyllis a dit à Eben qu'il devait rentrer à la maison, car s'il restait éveillé toute la nuit après avoir conduit depuis le Delaware, il ne serait utile à personne le lendemain, y compris à son père. Elle a appelé Holley et Jean à notre maison et leur a dit qu'Eben IV allait rentrer bientôt, mais qu'elle restait dans ma chambre pour la nuit.

« Rentre voir ta mère, ta tante et ton frère », a-t-elle dit à Eben IV après avoir raccroché. « Ils ont besoin de toi. Ton père et moi serons là quand tu reviendras demain. »

Eben IV a regardé en direction de mon corps : le tube de plastique transparent du respirateur qui entrait dans ma narine et jusque dans ma trachée ; mes lèvres fines, déjà gercées ; mes yeux clos et mes muscles faciaux affaissés.

Phyllis a lu ses pensées.

« Rentre, Eben. Essaie de ne pas t'inquiéter. Ton père est toujours avec nous. Et je ne vais pas le laisser partir. »

Elle est venue vers moi, a pris ma main et a commencé à la masser. Avec pour seule compagnie les machines et l'infirmière de nuit passant chaque heure pour relever mes constantes, Phyllis est restée assise toute la nuit, tenant ma main, et maintenant active une connexion dont elle savait fort bien à quel point elle était vitale si je devais me remettre de cet état.

Insister sur l'importance de la famille pour les gens du Sud est un peu un cliché, mais comme beaucoup de clichés c'est également vrai. Quand je suis arrivé à Harvard en 1988, l'une des premières choses que j'ai remarquée à propos des nordistes était leur légère réticence à exprimer quelque chose que beaucoup dans le Sud tiennent pour acquis : votre famille est *qui vous êtes*.

Au cours de ma vie, mes relations avec ma famille – avec mes parents et mes sœurs, puis ensuite avec Holley, Eben IV et Bond – ont toujours été une source vitale de force et de stabilité, mais plus encore ces dernières années.

La famille est l'endroit où j'ai trouvé du soutien inconditionnel dans un monde – Nord ou Sud – trop souvent à court de ce bien.

Je me rendais parfois dans notre église épiscopale avec Holley et les enfants. Mais le fait est que depuis des années je n'étais qu'un « N & P » (quelqu'un qui ne franchit les portes d'une église qu'à Noël et à Pâques). J'encourageais nos enfants à dire leurs prières le soir, mais je n'avais rien d'un leader spirituel à la maison. Je ne m'étais jamais débarrassé de mes doutes sur ce à quoi tout cela renvoyait réellement. Autant j'avais grandi en désirant croire en Dieu, au paradis et à l'après-vie, autant mes décennies dans le monde scientifique rigoureux de la neurochirurgie universitaire avaient profondément remis en question la façon dont de telles choses pouvaient exister. Les neurosciences modernes expliquent que le cerveau donne naissance à la conscience – au mental, à l'esprit, à l'âme, quel que soit le nom que l'on souhaite donner à cette partie de nous-mêmes invisible, intangible, qui fait de nous ce que nous sommes vraiment –, et je ne doutais guère que ce soit exact.

Comme la plupart des professionnels de santé qui ont directement affaire à des patients mourants et à leurs familles, j'ai entendu parler de – et même vu – quelques événements plutôt inexplicables au cours des années. Je classais ces occurrences dans la catégorie « inexpliqué » et les laissais de côté, me figurant qu'une réponse de bon sens expliquait probablement tout cela.

Non pas que j'étais hostile aux croyances para-normales. En tant que médecin qui avait été le témoin d'incroyables souffrances physiques et émotionnelles, la dernière chose que j'aurais faite eut été de nier à qui que ce soit le réconfort et l'espoir qu'apportait la foi. En fait, j'aurais aimé pouvoir l'éprouver directement moi-même.

Cependant, plus j'avançais en âge et moins cela devenait probable. Comme un océan grignote une plage, au fil des années ma vision scienti-fique du monde érodait ma capacité à croire en quelque chose de plus grand. La science sem-blait livrer une offensive constante de preuves qui faisaient du sens de notre existence dans l'univers quelque chose de proche de zéro. La croyance, c'était bien joli. Mais la science ne s'inté-resse pas à ce qui est joli. Elle s'intéresse à ce qui *est*.

Je suis quelqu'un qui apprend par le mouve-ment, en faisant les choses. Si je ne peux pas sentir quelque chose ou le toucher moi-même, il m'est difficile de m'y intéresser. Ce désir d'étendre le bras et de toucher tout ce que je veux comprendre a été, en plus de mon désir de suivre les traces de mon père, ce qui m'a conduit vers la neurochirurgie. Aussi abstrait et mystérieux que soit le cerveau humain, il est également incroyablement concret. Quand j'étais étudiant en médecine à Duke, je me réjouissais de regarder dans le microscope et d'observer réellement l'extrémité délicate des cellules neuronales qui forment la jonction synaptique grâce à laquelle la conscience est possible. J'adorais la combinaison de savoir abstrait et de physicalité absolue que présentait la chirurgie du cerveau. Pour accéder au cerveau, il faut retirer des couches de peau et de tissus couvrant le crâne puis utiliser un dispositif pneumatique à grande vitesse appelé foret Midas Rex. C'est un équipement très sophistiqué qui coûte des milliers de dollars. Alors qu'en fin de compte ce n'est qu'une... perceuse.

De même, réparer chirurgicalement le cerveau, bien que ce soit une tâche extraordinairement complexe, n'est finalement pas différent de réparer toute autre machine très délicate, électriquement chargée. Tout cela, je le savais fort bien, renvoyait à ce que le cerveau est vraiment : une machine qui produit le phénomène de la conscience. Certes, les scientifiques n'avaient pas découvert exactement la façon dont les neurones du cerveau parvenaient à faire cela, mais ce n'était qu'une question de temps avant qu'ils le fassent. On le démontrait chaque jour dans les blocs opératoires. Un patient arrive avec un mal de tête et une conscience diminuée. On réalise une IRM (imagerie par résonance magnétique) de son cerveau et on découvre une tumeur. On place le patient sous anesthésie générale, on enlève la tumeur, et quelques heures plus tard il s'éveille au monde de nouveau. Plus de maux de tête. Plus de troubles de la conscience. Plutôt simple en apparence.

J'adorais cette simplicité – l'absolue honnêteté et *netteté* de la science. Je respectais le fait que cela ne laissait pas de place au fantasme ou à l'absence de rigueur. Si un fait pouvait être établi comme tangible et fiable, il était accepté. Sinon, il était rejeté.

Cette approche laissait très peu de place à l'âme et à l'esprit, à la continuité de l'existence de la personnalité après que le cerveau qui la soutient a cessé de fonctionner. Elle laissait encore moins de place à ces mots que j'avais si souvent entendus à l'église : « la vie éternelle ».

C'est pourquoi je comptais à ce point sur ma famille – sur Holley et nos garçons, mes trois sœurs et, bien sûr, ma mère et mon père. Dans un sens très réel, je n'aurais jamais été capable de pratiquer mon métier – de réaliser jour après jour les actions que j'ai réalisées et de voir les choses que j'ai vues – sans m'appuyer sur le socle d'amour et de compréhension qu'ils m'apportaient.

Et c'était pourquoi Phyllis (après avoir consulté notre sœur Betsy au téléphone) a décidé cette nuit-là de me faire une promesse au nom de toute la famille. Alors qu'elle était assise là, tenant ma main inerte et presque sans vie, elle m'a dit que quoi qu'il arrive à partir de cet instant, il y aurait toujours quelqu'un assis là, à tenir ma main.

« On ne te laisse pas partir, Eben », a-t-elle dit. « Tu as besoin d'une ancre pour te garder ici, dans ce monde où nous avons besoin de toi. Et nous allons t'en donner une. »

Elle ne savait pas combien cette ancre allait se révéler importante dans les jours à suivre.

7

La Mélodie Tournoyante
et le Passage

Quelque chose était apparu dans l'obscurité.

Tournant lentement, cela irradiait de fins filaments d'une lumière blanche et dorée, et peu à peu l'obscurité autour de moi a commencé à se fendre et se disperser.

Alors, j'ai entendu un autre son : un son *vivant*, comme la pièce de musique la plus riche, la plus complexe, la plus belle qu'on ait jamais entendue. Gagnant en intensité alors que la pure lumière blanche descendait, il s'est surimposé au battement mécanique et monotone qui, depuis des éons semblait-il, avait été mon unique compagnie jusqu'alors.

La lumière s'est approchée encore et encore, tournoyant sur elle-même et générant ces filaments de pure lumière blanche, dont je voyais à présent qu'ils étaient teintés, ici et là, de pointes d'or.

Puis, au centre même de cette lumière, une autre chose est apparue. J'ai concentré toute mon attention, essayant de comprendre de quoi il s'agissait. Une ouverture. Je n'étais plus du tout en train de regarder *la* lumière qui tournoyait doucement, je regardais à travers elle.

Au moment même où j'ai compris cela, j'ai commencé à m'élever. Rapidement. J'ai entendu un souffle, et en un flash je suis passé par cette ouverture et je me suis retrouvé dans un monde entièrement nouveau. Le monde le plus étrange et le plus beau que je n'avais jamais vu.

Brillant, vibrant, extatique, stupéfiant... Je pourrais aligner les adjectifs les uns après les autres pour décrire ce à quoi ce monde ressemblait et ce qu'on y éprouvait, mais aucun n'y parviendrait. J'avais l'impression que je venais de naître. Je n'étais pas re-né ou né de nouveau. Seulement... né.

Au-dessous de moi se trouvait un paysage de campagne. C'était vert, luxuriant et terrestre. *C'était* la terre... mais en même temps ce n'était pas elle. Comme lorsque vos parents vous ramènent à un endroit où vous avez vécu plusieurs années quand vous étiez enfant. Vous ne reconnaissez pas l'endroit. Ou, en tout cas, vous pensez ne pas le reconnaître. Mais en regardant autour de vous, quelque chose vous attire et vous comprenez qu'une part de vous-même – une part très profonde – se souvient en effet de cet endroit et se réjouit de s'y retrouver.

Je volais, je passais au-dessus des arbres et des champs, des ruisseaux et des chutes d'eau, et ici et là, des groupes de personnes. Il y avait aussi des enfants qui riaient et jouaient. Ces gens chantaient et dansaient en cercles, et parfois je voyais un chien qui courait et sautait parmi eux, tout aussi joyeux. Ils portaient des vêtements simples mais magnifiques, et il me semblait que les couleurs de ces vêtements contenaient le même type de chaleur vivante que les arbres et les fleurs qui prospéraient et s'épanouissaient dans la campagne autour d'eux.

Un monde de rêve incroyable et merveilleux...

Sauf que ce n'était pas un rêve. Bien que je ne savais pas où j'étais ni même *ce que* j'étais, j'étais absolument sûr d'une chose : cet endroit dans lequel je me trouvais tout à coup était totalement réel.

Le mot *réel* exprime quelque chose d'abstrait et il est désespérément impropre à transmettre ce que j'essaie de décrire. Imaginez que vous êtes un enfant qui se rend au cinéma un jour d'été. Le film était peut-être bon et vous avez apprécié de rester assis à le regarder. Mais une fois terminé, vous quittez le cinéma pour retrouver la chaleur profonde, vibrante, accueillante de l'après-midi d'été. Et alors que l'air et les rayons du soleil vous caressent, vous vous demandez bien pourquoi vous avez gâché cette superbe journée dans un cinéma obscur.

Multipliez ce sentiment par mille et vous serez toujours bien loin de ce que je ressentais là où j'étais.

Je ne sais pas combien de temps exactement j'ai passé à voler. (Le temps dans cet endroit était différent du temps linéaire que nous connaissons sur terre et il est aussi désespérément difficile à décrire que tous les autres aspects.) Mais à un certain stade, j'ai compris que je n'étais pas seul là-haut.

Quelqu'un était à côté de moi : une belle jeune femme avec des pommettes hautes et les yeux d'un bleu profond. Elle portait le même type de vêtement de fermiers que les gens du village d'en dessous. Des tresses mordorées encadraient son joli visage. Nous volions tous deux, posés sur une surface aux motifs intriqués, vivante et pleine de couleurs indescriptibles et éclatantes – l'aile d'un papillon. En fait, des millions de papillons étaient autour de nous – de grandes vagues ondulantes de papillons plongeant dans la verdure et revenant voleter auprès de nous. Ce n'était pas un seul papillon distinct qui était apparu, mais tous ensemble en même temps, comme s'ils formaient une rivière de vie et de couleur en se déplaçant dans l'air. Nous volions en formation libre au-dessus des fleurs et des bourgeons chatoyants sur les arbres, qui s'ouvraient alors que nous passions près d'eux.

Les vêtements de la jeune femme étaient simples, mais leurs couleurs – bleu pastel, indigo, orange-pêche pastel – avaient le même caractère étonnamment vivant et vibrant que tout ce qui se trouvait là. Elle a posé sur moi un regard qui, si on le regardait quelques instants, justifiait à lui seul d'avoir vécu jusque-là, quoi qu'il se soit passé dans sa vie. Ce n'était pas un regard romantique. Ce n'était pas un regard d'amitié. Ce regard était en quelque sorte au-delà de tout ceci... au-delà de tous les différents types d'amour que nous avons ici sur terre. C'était quelque chose de plus élevé, qui contenait en lui toutes ces autres sortes d'amour et qui en même temps était plus authentique et plus pur qu'elles.

Sans utiliser aucun mot, elle m'a parlé. Le message m'a traversé comme le vent et j'ai immédiatement compris que c'était authentique. Je le savais tout comme je savais que le monde autour de nous était réel – qu'il n'était pas un fantasme, évanescent et sans substance.

Le message avait trois parties et si je devais les traduire en langage terrestre, je dirais quelque chose comme ceci :

« Tu es aimé et chéri, totalement, pour toujours. »

« Il n'y a rien dont tu doives avoir peur. »

« Il n'y a rien que tu puisses faire mal. »

Le message coulait en moi accompagné d'une immense et folle sensation de soulagement. C'était comme si on me donnait les règles d'un jeu auquel j'avais joué toute ma vie sans jamais pleinement le comprendre.

« Nous te montrerons beaucoup de choses ici », a dit la jeune femme – de nouveau, sans réellement utiliser ces mots, mais en transmettant leur essence conceptuelle directement en moi. « Mais finalement, tu retourneras. »

À cela, je n'avais qu'une question.

Retourner où ?

Rappelez-vous qui écrit ces lignes en ce moment. Je ne suis pas un sentimentaliste crédule. Je sais à quoi ressemble la mort. Je sais ce que c'est de voir une personne vivante, avec qui vous avez parlé et plaisanté lors de jours meilleurs, devenir un objet sans vie sur une table d'opération après que vous avez lutté pendant des heures pour que la machine corporelle continue à fonctionner. Je sais à quoi ressemblent la souffrance et la douleur sur les visages déconcertés des proches qui ont perdu quelqu'un qu'ils n'avaient jamais imaginé perdre. Je connais la biologie, et bien que je ne sois pas physicien, j'en connais également un peu dans ce domaine. Je sais faire la différence entre le fantasme et la réalité, et je sais que l'expérience dont je tente péniblement de vous donner une image vague et totalement insatisfaisante était l'expérience la plus réelle de ma vie.

En fait, la seule autre expérience avec laquelle je pourrais la comparer dans le secteur de la réalité était celle qui est venue ensuite.

8

Israël

À huit heures le lendemain matin, Holley était de retour dans ma chambre. Elle a remplacé Phyllis et pris sa place sur la chaise à la tête de mon lit, en serrant ma main toujours inerte dans les siennes. Autour de 11 heures, Michael Sullivan est arrivé et tout le monde a formé un cercle autour de moi. Betsy tenait ma main de sorte que j'étais également inclus. Michael a conduit une prière. Ils terminaient tout juste quand l'un des médecins spécialistes en maladies infectieuses est arrivé de l'étage inférieur avec des informations fraîches. Bien que les médecins aient ajusté mes antibiotiques au cours de la nuit, le nombre de mes globules blancs continuait d'augmenter. Les bactéries s'employaient sans entraves à continuer de dévorer mon cerveau.

Rapidement à court d'options, les médecins ont de nouveau passé en revue le détail de mes activités des derniers jours avec Holley. Puis ils ont étendu leurs questions aux dernières semaines. Y avait-il quoi que ce soit – *n'importe quoi* – dans les détails de ce que j'avais fait qui pouvait expliquer mon état ?

« Eh bien », a dit Holley, « il est allé en Israël pour un voyage professionnel il y a quelques mois. »

Le Dr Brennan a levé les yeux de son bloc-notes.

Les bactéries *E. coli* peuvent échanger de l'ADN non seulement avec d'autres *E. coli*, mais aussi avec d'autres organismes bactériens Gram négatifs. Ceci a d'énormes implications à notre époque de voyages planétaires, de bombardements antibiotiques et de maladies nouvelles dues à des souches de bactéries mutant rapidement. Si des bactéries *E. coli* se retrouvent dans un environnement biologique difficile avec d'autres organismes primitifs mieux équipés qu'elles, *E. coli* peut potentiellement prélever de l'ADN de ces bactéries plus adaptées et l'incorporer.

En 1996, les médecins ont découvert une nouvelle souche bactérienne qui contenait un gène codant pour une enzyme appelée *Klebsiella pneumoniae* carbapénèmase ou KPC, lequel confère à sa bactérie hôte une résistance aux antibiotiques. Elle a été retrouvée dans l'estomac d'un patient mort dans un hôpital de Caroline du Nord. La souche a immédiatement retenu l'attention des médecins du monde entier quand il a été démontré que le KPC pouvait potentiellement rendre une bactérie qui l'absorbait résistante non seulement aux antibiotiques courants, mais à *tous* les antibiotiques.

Si une souche toxique, résistante aux antibiotiques, de bactérie (dont nous avons une cousine non toxique très présente dans l'organisme) se répandait dans la population générale, elle « s'éclaterait » avec la race humaine. Et il n'existe aucun nouvel antibiotique dans le pipeline de recherche de l'industrie pharmaceutique à dix ans qui pourrait nous venir en aide.

Quelques mois plus tôt, comme le savait le Dr Brennan, un patient était arrivé dans un hôpital avec une infection bactérienne sévère et on lui avait administré une gamme d'antibiotiques puissants de façon à contrôler son infection à *Klebsiella pneumoniae*. Mais son état avait continué à se détériorer. Les examens ont montré qu'il souffrait toujours de *Klebsiella pneumoniae* et que les antibiotiques n'avaient pas agi. D'autres examens ont révélé que les bactéries qui vivaient dans le gros intestin du malade avait acquis le gène KPC d'un transfert direct de plasmide (ADN surnuméraire) depuis les *Klebsiella pneumoniae* résistantes.

En d'autres termes, son corps avait constitué un laboratoire pour la création d'une espèce de bactérie qui, si elle se répandait dans la population, pouvait rivaliser avec la peste noire qui a anéanti la moitié de la population européenne au XIVᵉ siècle.

L'hôpital où tout cela s'est produit était le Centre médical Sourasky de Tel Aviv, en Israël, et c'était arrivé quelques mois auparavant. Il se trouve que c'est arrivé à peu près au moment où je m'y trouvais, pour une partie de mon travail qui consistait à coordonner un programme de recherche international sur la chirurgie du cerveau par ultrasons dirigés. J'étais arrivé à Jérusalem à 3 h 15 du matin et, après avoir trouvé mon hôtel, j'avais décidé sur un coup de tête de me promener dans la vieille ville. J'avais fini par une visite avant l'aube de la Via Dolorosa et du site supposé de la Cène, dernier repas du Christ. Le voyage avait été étrangement émouvant et, une fois rentré aux États-Unis, j'en parlais souvent avec Holley. Mais à l'époque, je n'avais rien su du patient du Centre médical Sourasky, ni de la bactérie qu'il avait contractée et qui avait incorporé le gène KPC. Une bactérie qui, comme cela s'est révélé plus tard, était elle-même une souche d'*E. coli*.

Pouvais-je avoir d'une façon ou d'une autre contracté pendant que j'étais en Israël une bactérie résistante aux antibiotiques grâce au gène KPC ? C'était peu probable. Mais c'était une explication possible à l'apparente résistance de mon infection, et les médecins se sont mis au travail pour savoir si c'était bien la même bactérie qui attaquait mon cerveau. Pour cette première raison parmi d'autres, j'étais en train de devenir un cas à part dans l'histoire de la médecine.

9

Le Cœur

Pendant ce temps-là, je me trouvais au milieu des nuages. De gros nuages joufflus blanc-rose qui se détachaient nettement sur le ciel d'un bleu-noir profond.

Au-dessus des nuages – infiniment plus haut –, des colonies de sphères translucides, êtres scintillants parsemant le ciel et laissant derrière eux de longues traînées, comme d'immenses serpentins.

Des oiseaux ? Des anges ? Ces mots sont venus lorsque j'écrivais mes souvenirs. Mais aucun d'eux ne rend justice à ces êtres, qui étaient tout simplement différents de tout ce que je connais sur cette planète. Ils étaient plus développés. Plus évolués.

Un son, énorme et retentissant comme un chant glorieux est descendu vers moi, et je me suis demandé si les êtres ailés le produisaient. De nouveau, en y repensant plus tard, il m'est venu que la joie de ces créatures était telle, alors qu'elles s'élevaient ensemble, qu'elles *devaient* produire ce son – que si la joie ne s'échappait pas d'elles de cette façon, alors elles ne seraient tout simplement pas capables de la contenir. Le son était palpable et presque matériel, comme une pluie fine que l'on peut sentir sur sa peau, mais qui ne mouille pas.

Voir et entendre n'étaient pas deux choses distinctes dans cet endroit où je me trouvais à présent. Je pouvais *entendre* la beauté visuelle des corps argentés de ces êtres scintillants au-dessus de moi, et je pouvais voir la perfection joyeuse et déferlante de ce qu'ils chantaient. Il semblait que l'on ne pouvait pas regarder ou écouter quoi que ce soit dans ce monde sans en devenir une partie – sans le rejoindre d'une façon mystérieuse.

De nouveau, de ma perspective actuelle, je dirais que l'on ne pouvait pas regarder *en direction* de quoi que ce soit dans ce monde, puisque cette formule suppose une séparation qui n'existait pas à cet endroit. Tout était distinct et en même temps tout faisait partie d'autre chose, comme les motifs richement entrelacés des tapis persans... ou d'une aile de papillon.

Un vent chaud s'est mis à souffler, comme celui qui se lève les plus beaux jours d'été, agitant les feuilles des arbres et s'écoulant comme une eau divine. Une brise céleste. Cela a tout changé, élevant le monde autour de moi encore une octave au-dessus, à une plus haute vibration.

Même si je n'avais pas pleinement la fonction du langage, en tout cas comme on l'entend sur terre, j'ai commencé à lancer des questions sans mots dans le vent – et à l'intention de l'être divin que je sentais à l'œuvre derrière, ou à l'intérieur de celui-ci.

Où se trouve cet endroit ?
Qui suis-je ?
Pourquoi suis-je ici ?

À chaque fois que je posais silencieusement l'une de ces questions, la réponse venait instantanément dans une explosion de lumière, de couleur et de beauté qui me transperçait comme une vague qui se brise. L'important est que ces déflagrations ne faisaient pas simplement taire mon questionnement en le submergeant. Elles lui *répondaient*, mais d'une façon qui court-circuite le langage. Les pensées pénétraient directement en moi. Il ne s'agissait pas non plus de pensées telles que nous les connaissons ici. Elles n'étaient pas vagues, immatérielles ou abstraites. Ces pensées étaient solides et immédiates – plus brûlantes que le feu et plus humides que l'eau – et alors que je les recevais, j'étais capable de comprendre instantanément et sans effort des concepts qu'il m'aurait fallu des années pour saisir pleinement au cours de ma vie terrestre.

J'ai continué à avancer et me suis retrouvé pénétrant dans un vide immense, totalement sombre, infiniment grand, mais aussi infiniment réconfortant. Bien que d'un noir total, il débordait de lumière : une lumière qui semblait venir d'une sphère brillante que je sentais maintenant près de moi. Une sphère qui était vivante et presque solide, comme l'étaient les chants des êtres angéliques.

Aussi étrange que cela semble, ma situation était assez proche de celle d'un fœtus dans un utérus. Le fœtus flotte dans l'utérus associé au placenta qui le nourrit et permet ses relations avec l'omniprésente mais pourtant invisible mère. Dans ce cas, la « mère » était Dieu, le Créateur, la Source qui est responsable de la création de l'univers et de tout ce qu'il contient. Cet Être était si proche qu'il semblait n'y avoir aucune distance entre Dieu et moi. Et en même temps, je pouvais sentir l'immensité infinie du Créateur, je pouvais voir à quel point j'étais minuscule en comparaison. J'emploierai occasionnellement le terme *Om* comme le pronom de Dieu, car c'est le terme que j'ai utilisé dans mes premiers écrits après le coma. « Om » était le son que je me souvenais avoir entendu en association avec ce Dieu omniscient, omnipotent et aimant inconditionnellement, mais aucun mot ne peut convenir.

L'immensité pure qui me séparait d'Om était, je le comprenais, la raison pour laquelle la sphère m'accompa-gnait. D'une certaine façon que je ne pouvais pleinement comprendre mais dont j'étais absolument convaincu, la sphère était une sorte « d'interprète » entre moi et cette extraordinaire présence qui m'entourait.

C'était comme si j'étais né dans un monde plus grand, et l'univers lui-même était comme un utérus cosmique géant, et la sphère (qui d'une certaine façon restait connectée à la Fille sur l'Aile du Papillon, qui en fait était elle) me guidait à travers ce processus.

Plus tard, une fois de retour dans ce monde, j'ai trouvé une citation du poète chrétien du XVIIe siècle Henry Vaughan qui s'approche d'une description de cet endroit – ce gigantesque cœur d'encre noire qui était la résidence du Divin lui-même.

« *Il y a en Dieu, dit-on, une obscurité profonde mais éblouissante* »

C'était cela, exactement : une obscurité totale qui était également inondée de lumière.

Les questions, et les réponses, ont continué. Bien qu'elles ne prenaient toujours pas la forme du langage tel que nous le connaissons ; la « voix » de cet Être était chaude et – aussi étrange que cela puisse sembler – personnelle. Elle comprenait les humains et elle possédait les qualités que nous possédons, mais dans une mesure infiniment plus grande. Elle me connaissait profondément et débordait des qualités que j'ai toute ma vie associées aux êtres humains et seulement eux : chaleur, compassion, pathos... et même ironie et humour.

À travers la sphère, Om m'a dit qu'il n'y a pas qu'un univers mais beaucoup – en fait, plus que je ne pouvais concevoir –, mais que l'amour trône au centre de chacun. Le mal était également présent dans tous les autres univers, mais seulement à l'état de faibles traces. Le mal était nécessaire parce que sans lui le libre arbitre était impossible, et sans le libre arbitre il ne pouvait y avoir de croissance – pas de mouvement vers l'avant, pas d'occasion pour nous de devenir ce que Dieu voulait ardemment que nous devenions. Aussi horrible et tout puissant que le mal semblait parfois être dans un monde tel que le nôtre, avec du recul l'amour dominait de façon écrasante et serait finalement vainqueur.

J'ai vu l'abondance des formes de vie à travers un nombre incalculable d'univers, dont certaines étaient d'une intelligence bien supérieure à celle de l'humanité. J'ai vu qu'il existait énormément de dimensions plus élevées, mais que la seule façon de connaître ces dimensions est d'y entrer et d'en faire directement l'expérience. Elles ne peuvent être connues, ni comprises, depuis les dimensions inférieures de l'espace. La loi de cause à effet existe dans ces plans supérieurs, mais loin de la conception matérialiste que nous en avons. Le monde du temps et de l'espace dans lequel nous nous déplaçons au niveau terrestre est fermement et étroitement entrelacé avec les plans supérieurs. En d'autres termes, ces mondes ne sont pas entièrement séparés de nous, car tous les mondes font partie de la même Réalité divine globale. Depuis ces mondes supérieurs, on peut accéder à n'importe quel moment, ou n'importe quel endroit, de notre monde matériel.

Il me faudra le reste de ma vie, et plus encore, pour redécouvrir ce que j'ai appris là-haut. La connaissance qui m'a été donnée n'a pas été « enseignée » comme le serait une leçon d'histoire ou un théorème de mathématiques. Les intuitions se produisent directement, sans avoir besoin d'être ajustées et absorbées. Cette connaissance a été stockée sans mémorisation, instantanément et une fois pour toutes. Elle ne s'est pas évanouie comme l'information ordinaire et à ce jour je la possède toujours pleinement, bien plus clairement que je ne possède les informations que j'ai accumulées au long de mes années d'études.

Cela ne veut pas dire que je peux accéder à ce savoir en claquant des doigts. Car maintenant que je suis de retour dans cette réalité matérielle, je dois le faire cheminer à travers mon corps physique et mon cerveau limités. Mais il est là. Je le ressens, installé dans mon être profond. Pour quelqu'un comme moi qui a passé sa vie à travailler dur pour acquérir à l'ancienne des connaissances et une compréhension, la découverte de ce niveau supérieur de savoir a suffi, à elle seule, à me donner matière à réflexion pour longtemps...

Malheureusement, pour ma famille et mes médecins en bas sur terre, la situation était bien différente.

10

Ce qui Compte

Holley n'avait pas manqué de remarquer à quel point les médecins s'étaient montrés intéressés lorsqu'elle avait mentionné mon voyage en Israël. Bien sûr, elle n'a pas compris pourquoi c'était si important. Rétrospectivement, c'est une bénédiction qu'elle ne l'ait pas compris. Envisager ma mort possible était un fardeau suffisant, sans avoir à y ajouter le risque que je puisse être le patient zéro pour l'équivalent de la peste noire du XXIᵉ siècle.

Entre-temps, d'autres amis et membres de la famille avaient été prévenus.

Y compris ma famille biologique.

Quand j'étais jeune garçon, je vénérais mon père, qui a été chef de service pendant vingt ans au Centre médical baptiste de Wake Forest à Winston-Salem. J'ai choisi la neuro-chirurgie universitaire pour suivre ses pas d'aussi près que je pouvais – tout en sachant que je ne remplirais jamais complètement ses souliers.

Mon père était un homme profondément spirituel. Il avait servi dans l'armée de l'air en tant que chirurgien dans les jungles de Nouvelle-Guinée et des Philippines pendant la Seconde Guerre mondiale. Il avait été témoin de la violence et de la souffrance, et avait souffert lui-même. Il m'a raconté les nuits passées à opérer des blessés sous des tentes qui résistaient à peine aux pluies de mousson qui s'abattaient sur elles, la chaleur et l'humidité si oppressantes que les chirurgiens opéraient en sous-vêtements pour pouvoir les supporter.

Mon père avait épousé l'amour de sa vie (et la fille de son commandant), Betty, en octobre 1942, alors qu'il se préparait pour sa mission dans le Pacifique. À la fin de la guerre, il faisait partie du premier groupe de forces alliées occupant le Japon après que les États-Unis eurent largué les bombes atomiques sur Hiroshima et Nagasaki. En tant qu'unique neurochirurgien militaire de l'armée américaine à Tokyo, il était officiellement indispensable. De plus, il était qualifié pour réaliser des opérations des oreilles, du nez et de la gorge.

Toutes ces qualifications lui assuraient qu'il ne bougerait pas avant un bon moment. Son nouveau commandant ne le laisserait pas rentrer aux États-Unis avant que la situation ne soit « plus stable ». Plusieurs mois après que les Japonais s'étaient formellement rendus à bord du bateau de guerre *Missouri* dans la baie de Tokyo, mon père, enfin, a reçu l'ordre général l'autorisant à rentrer dans ses foyers. Cependant, il savait que son commandant sur site l'abrogerait s'il le voyait. Mon père a donc attendu jusqu'au week-end que son commandant ait quitté la base pour une permission, puis il a fait valider l'ordre par le commandant en second. Il a finalement pu monter à bord d'un bateau qui rentrait aux États-Unis en décembre 1945, longtemps après que ses camarades soldats avaient rejoint leurs familles.

Après son retour aux États-Unis début 1946, mon père a terminé son cursus en neurochirurgie avec son ami et camarade de l'École de médecine de Harvard, Donald Matson, qui avait servi sur le front européen. Ils ont été formés à l'hôpital Peter Bent Brigham et à l'hôpital pour enfants de Boston (les hôpitaux leaders rattachés à l'École de médecine de Harvard) sous la direction du Dr Franc D. Ingraham, l'un des derniers internes formés par le Dr Harvey Cushing, considéré généralement comme le père de la neurochirurgie moderne. Dans les années 1950 et 1960, le groupe des neurochirurgiens « 3131C » (ainsi qu'ils étaient officiellement classés par l'Air Force), qui avaient aiguisé leur art sur les champs de bataille d'Europe et du Pacifique, a établi les standards pour les neurochirurgiens de la deuxième moitié du siècle, y compris ceux de ma propre génération.

Mes parents ont grandi pendant la Grande Dépression et croyaient fortement au travail.

Mon père rentrait presque tous les soirs à la maison vers 19 heures pour le dîner familial, le plus souvent en costume-cravate, mais parfois avec une blouse de chirurgien. Puis, il retournait à l'hôpital et il emmenait souvent l'un d'entre nous pour faire ses devoirs dans son bureau pendant qu'il faisait la tournée de ses patients. Pour mon père, la vie et le travail étaient essentiellement synonymes, et il nous a élevés en ce sens. Le dimanche, il nous faisait faire de petits travaux dans le jardin à mes sœurs et à moi. Si nous lui disions que nous voulions aller au cinéma, il répondait : « Si tu vas au cinéma, alors quelqu'un d'autre doit travailler. » Il était aussi compétiteur à l'extrême. Sur le court de squash, il considérait chaque partie comme « une bataille à mort », et même à plus de quatre-vingts ans, il était sans cesse en quête de nouveaux adversaires, souvent plus jeunes de quelques dizaines d'années.

Il était un père exigeant, mais aussi merveilleux. Il traitait tous ceux qu'il rencontrait avec respect et avait un tournevis dans la poche de sa blouse pour resserrer toute vis qu'il pouvait rencontrer lors de ses allées et venues dans l'hôpital. Ses patients, ses collègues médecins, les infirmières, tout le staff de l'hôpital l'aimaient. Qu'il s'agisse d'opérer des patients, de contribuer à faire avancer la recherche, de former des neurochirurgiens (une passion singulière), ou de diriger le journal *Surgical Neurology* (ce qu'il a fait pendant de nombreuses années), mon père a toujours vu son chemin dans la vie clairement balisé à son intention. Même après qu'il a cessé d'opérer à l'âge de soixante et onze ans, il a continué à suivre les progrès de sa spécialité. Après sa mort en 2004, son partenaire de toujours, le Dr David L. Kelly Jr., a écrit : « Nous nous rappellerons toujours le Dr Alexander pour son enthousiasme et ses compétences, sa persévérance, son attention aux détails, son esprit de compassion, son honnêteté et son excellence dans tout ce qu'il a fait. » Pas étonnant que, comme tant d'autres, je le vénérais tant.

Très tôt, tellement loin que je ne me souviens plus quand exactement, ma mère et mon père m'avaient expliqué que j'avais été adopté (ou « choisi », comme ils avaient dit, car ils m'assuraient avoir su que j'étais leur enfant au moment où ils m'avaient vu). Ils n'étaient pas mes parents biologiques, mais ils m'aimaient énormément, comme si j'étais leur propre chair et leur propre sang. J'ai grandi en sachant que j'avais été adopté en avril 1954, à l'âge de quatre mois, et que ma mère biologique avait seize ans, était en première au lycée et célibataire lorsqu'elle m'a donné la vie en 1953. Son petit ami, en terminale et sans perspective proche d'être en situation de s'occuper d'un enfant, était lui aussi d'accord pour me proposer à l'adoption, bien qu'ils ne le souhaitaient au départ ni l'un ni l'autre. La connaissance de tout ceci m'a été donnée si tôt que cela faisait simplement partie de qui j'étais, accepté sans remise en cause au même titre que la couleur jais de mes cheveux et le fait que j'appréciais les hamburgers mais pas les choux-fleurs. J'aimais mes parents adoptifs autant que s'ils avaient été mes parents par le sang, et ils ressentaient manifestement la même chose pour moi.

Ma sœur aînée, Jean, avait également été adoptée, mais cinq mois après mon adoption ma mère est devenue capable de concevoir des enfants. Elle a donné naissance à une fille – ma sœur Betsy – et cinq ans plus tard, Phyllis, notre plus jeune sœur, est née. Nous étions une fratrie complète à tous points de vue. Je savais que quelle que soit mon origine, elles étaient mes sœurs et j'étais leur frère. J'ai grandi dans une famille qui non seulement m'aimait, mais aussi croyait en moi et soutenait mes rêves. Y compris le rêve qui s'est emparé de moi au lycée et ne m'a jamais lâché jusqu'à ce que je le réalise : devenir neurochirurgien comme mon père.

Je ne pensais pas à mon adoption pendant mes années à l'université et à l'école de médecine – du moins pas en surface. Je me suis rendu plusieurs fois à l'agence de placement de Caroline du Nord, pour savoir si ma mère souhaitait me retrouver. Mais la Caroline du Nord disposait des lois les plus strictes du pays pour protéger l'anonymat des enfants adoptés et de leurs parents biologiques, même s'ils souhaitaient à tout prix renouer des liens. Après l'âge de vingt-cinq ans, j'y pensais de moins en moins. Et une fois que j'ai rencontré

Holley et que nous avons fondé notre propre famille, la question s'est éloignée un peu plus.

Ou s'est enfouie plus profondément.

En 1999, alors qu'il avait douze ans et que nous vivions encore dans le Massachusetts, Eben IV a participé à un exposé sur l'héritage familial à l'école Charles River où il était en sixième. Il savait que j'avais été adopté et donc qu'il avait des parents directs sur la planète qu'il ne connaissait pas personnellement, pas même de nom. Ce travail a déclenché quelque chose en lui – une curiosité profonde dont il n'avait pas conscience jusqu'alors.

Il m'a demandé s'il pouvait rechercher mes parents biologiques. Je lui ai dit qu'au cours des années j'avais fait quelques recherches moi-même, et contacté l'agence de placement de Caroline du Nord en leur demandant s'ils avaient des informations. Si ma mère ou mon père biologique avaient voulu me contacter, l'agence le saurait. Mais je n'avais jamais eu aucun retour.

Non pas que cela m'ennuyait. « C'est parfaitement normal dans des circonstances comme celles-là », avais-je dit à Eben. « Cela ne veut pas dire que ma mère biologique ne m'aime pas ou qu'elle ne t'aimerait pas si elle posait un jour les yeux sur toi. Mais elle ne le souhaite pas, très probablement parce qu'elle sent que toi et moi avons notre propre famille, et elle ne veut pas s'immiscer là-dedans. »

Cependant, Eben ne voulait pas abandonner, alors j'ai finalement voulu lui faire plaisir et j'ai écrit à une travailleuse sociale appelée Betty qui m'avait aidé dans mes démarches précédentes. Quelques semaines plus tard, par un vendredi après-midi neigeux de février 2000, Eben IV et moi conduisions de Boston vers le Maine pour un week-end de ski quand je me suis souvenu que je devais appeler Betty pour savoir si elle avait des nouvelles. Je l'ai appelée depuis mon portable, et elle a répondu.

« Eh bien en fait, j'*ai* des nouvelles », a-t-elle dit. « Est-ce que vous êtes assis ? » J'étais effectivement assis donc je lui ai répondu par l'affirmative en oubliant que j'étais également en train de conduire ma voiture dans le blizzard. « Il apparaît, Dr Alexander, que vos parents biologiques se sont vraiment *mariés*. »

Mon cœur s'est mis à battre dans ma poitrine et la route devant moi a soudain semblé irréelle et lointaine. Même si je savais que mes parents étaient des amours, j'avais toujours pensé qu'une fois qu'ils m'avaient abandonné, leurs vies avaient pris des directions différentes. Instantanément, une image s'est formée dans mon esprit. Une image de mes vrais parents et du foyer qu'ils avaient quelque part. Un foyer que je n'avais jamais connu. Un foyer auquel je n'appartenais pas.

Betty a interrompu mes pensées. « Dr Alexander ? »

« Oui », ai-je répondu lentement, « je suis là ».

« Il y a autre chose. »

À la surprise d'Eben, j'ai garé la voiture sur le côté de la route et je lui ai dit de continuer. « Vos parents ont eu trois autres enfants : deux sœurs et un frère. J'ai été en contact avec la sœur aînée et elle m'a dit que votre plus jeune sœur était décédée il y a deux ans. Vos parents sont toujours en deuil. »

« Ce qui veut dire... ? », ai-je demandé après une longue pause, toujours abasourdi, encaissant tout cela sans être vraiment capable de l'intégrer.

« Je suis désolé, Dr Alexander, mais oui – cela veut dire qu'elle refuse votre demande de contact. »

Eben a bougé dans le siège derrière moi, comprenant que quelque chose d'important venait de se produire, mais ignorant de quoi il s'agissait.

« Que se passe-t-il, papa ? », a-t-il demandé après que j'ai raccroché. « Rien », ai-je dit. « L'agence n'en sait pas beaucoup plus, mais ils travaillent dessus. Peut-être que plus tard. Peut-être... » Mais ma voix s'est tue. Dehors, la tempête se renforçait. Je ne pouvais voir que quelques dizaines de mètres dans les bois blancs qui s'étendaient partout autour de nous. J'ai mis la voiture en prise, j'ai regardé avec précaution dans le rétroviseur, puis je suis revenu sur la route.

En un instant, ma vision de moi-même avait été totalement transformée.

Après cet appel téléphonique, j'étais toujours, bien sûr, tout ce que j'avais été auparavant :

toujours un scientifique, un médecin, un père, un mari. Mais je me sentais aussi, pour la première fois de ma vie, comme un orphelin. Quelqu'un qui avait été abandonné. Quelqu'un qui était moins que totalement, 100 % désiré. Je n'avais jamais vraiment pensé à moi-même en ces termes avant cette conversation – comme quelqu'un coupé de sa source. Je ne m'étais jamais défini dans le contexte de quelque chose que j'avais perdu et que je ne pourrais jamais regagner. Mais soudain c'était le seul aspect de moi-même que j'étais capable de voir.

Au cours des mois suivants, un océan de tristesse s'est ouvert en moi : une tristesse qui menaçait d'engloutir et de couler tout ce que j'avais travaillé si durement à créer dans ma vie jusqu'à ce point.

Et la situation empirait à cause de mon incapacité à aller au fond du problème. J'avais rencontré des problèmes personnels auparavant – des défauts, comme je les considérais – et je les avais corrigés. À l'école de médecine pendant mes premières années de chirurgien, par exemple, j'avais appartenu à une culture où boire beaucoup, dans les circonstances adéquates, était plutôt bien vu. Mais en 1991 j'ai commencé à remarquer que j'attendais mon jour de congé, et les verres qui allaient avec, avec un peu trop d'impatience. J'ai décidé qu'il était temps pour moi d'arrêter complètement l'alcool. Ça n'avait rien d'une partie de plaisir – j'en étais arrivé à dépendre du soulagement procuré par ces heures de détente plus que je ne l'avais cru – et je n'avais réussi à surmonter ces premiers jours de sobriété que grâce au soutien de ma famille. Je me retrouvais donc avec un autre problème et moi seul à blâmer. J'aurais toute l'aide dont j'avais besoin si je choisissais de demander. Pourquoi ne pouvais-je pas tuer le problème dans l'œuf ? Je trouvais injuste qu'une information concernant mon passé – information sur laquelle je n'avais aucun contrôle d'aucune sorte – soit capable de me déstabiliser à ce point, à la fois émotionnellement et professionnellement.

Alors, j'ai lutté et j'ai constaté, incrédule, combien mes rôles de médecin, de père et de mari devenaient de plus en plus difficiles à assumer. Voyant que je n'étais pas au meilleur de moi-même, Holley nous a inscrits à des séances de thérapie de couple. Bien qu'elle n'en ait que partiellement saisi les raisons, elle m'a pardonné d'être tombé dans ce fossé de désespoir et elle a fait tout ce qu'elle a pu pour m'en sortir. Ma dépression avait des répercussions dans mon travail. Mes parents étaient bien sûr au courant de ce changement, et même si je savais qu'ils me pardonnaient, j'étais effondré de voir que ma carrière de neurochirurgien universitaire était en train de décliner – et tout ce qu'ils pouvaient faire était de regarder depuis le bord de la touche. Sans mon plein concours, ma famille était impuissante à m'aider.

Et enfin, je constatais autre chose alors que cette tristesse nouvelle se manifestait, puis s'estompait : je perdais mon dernier espoir, à moitié assumé, qu'il existe dans l'univers un élément personnel – une force au-delà des forces scientifiques que j'avais passé des années à étudier. En termes moins cliniques, cela a balayé en moi la dernière once de croyance qu'il existait quelque part un Être qui m'aimait vraiment et se préoccupait de moi – et que mes prières pouvaient être entendues, voire que j'obtiendrais des réponses. Après cette conversation téléphonique dans le blizzard, la notion d'un Dieu aimant et personnel – mon droit de naissance, en quelque sorte, en tant que membre pratiquant d'une culture qui prenait vraiment Dieu au sérieux – a complètement disparu.

Existe-t-il une force ou une intelligence qui s'intéresse à chacun de nous ? Qui prenne soin des humains d'une façon vraiment aimante ? J'étais surpris de devoir finalement admettre que malgré ma formation et mon parcours de médecin, j'étais toujours ardemment, bien que secrètement, intéressé par cette question, tout comme j'étais bien plus intéressé par la question de mes parents biologiques que je ne l'aurais imaginé.

Malheureusement, la question de savoir s'il existait un tel Être et celle de savoir si mes parents biologiques m'ouvriraient de nouveau leurs vies et leurs cœurs avaient la même réponse.

Et cette réponse était non.

11

La fin de la spirale descendante

Au cours des sept années qui ont suivi, ma vie professionnelle et ma vie familiale ont largement continué à souffrir. Pendant longtemps, les gens autour de moi – même les plus proches – n'étaient pas sûrs de comprendre d'où venait le problème. Mais, petit à petit – à force de remarques que je faisais juste en passant –, Holley et mes sœurs ont rassemblé les pièces du puzzle. Finalement, lors d'une promenade matinale sur une plage de Caroline du Sud pendant des vacances en famille en juillet 2007, Betsy et Phyllis ont abordé le sujet. « As-tu pensé à écrire une autre lettre à ta famille biologique ? », a demandé Phyllis.

« Oui », a poursuivi Betsy. « Les choses peuvent avoir changé maintenant, on ne sait jamais. » Betsy nous avait dit peu de temps auparavant qu'elle réfléchissait elle-même à adopter un enfant, donc je n'étais pas complètement surpris que le sujet soit abordé. Cependant, ma réponse immédiate – plus mentale que verbale – a été : *Oh non, pas encore !* Je me souvenais de l'abîme immense qui s'était ouvert sous mes pieds après le refus que j'avais essuyé sept ans plus tôt. Mais je savais que Betsy et Phyllis étaient bien intentionnées. Elles savaient que je souffrais, elles avaient enfin compris pourquoi et elles voulaient – à juste raison – que je puisse avancer et régler ce problème. Elles m'ont assuré qu'elles seraient à mes côtés sur ce chemin – que je ne ferais pas le voyage seul comme j'avais tenté de le faire auparavant. Nous étions une équipe.

Ainsi, au début du mois d'août 2007, j'ai écrit une lettre anonyme à ma sœur biologique, la gardienne des clés sur cette question, et je l'ai envoyée à Betty à l'agence de placement des enfants de Caroline du Nord pour qu'elle la fasse suivre :

Chère sœur,

Je souhaiterais communiquer avec toi, notre frère et nos parents. Après une longue discussion avec mes sœurs et ma mère adoptive, leur soutien et leur intérêt ont ravivé ma volonté d'en savoir plus sur ma famille biologique.

Mes deux fils, âgés de neuf et dix-neuf ans, sont également intéressés par leur patrimoine familial. Nous trois ainsi que mon épouse serions reconnaissants pour toute information sur notre histoire commune que vous accepteriez de partager. En ce qui me concerne, les questions qui m'intéressent portent sur la vie de mes parents biologiques depuis leurs jeunes années jusqu'à aujourd'hui, ainsi que vos centres d'intérêt et personnalités à tous.

Puisque nous vieillissons tous, mon espoir est de les rencontrer bientôt. Nous pourrions nous mettre d'accord sur les conditions. Sois bien assurée que je respecte pleinement le degré d'intimité qu'ils souhaitent conserver. J'ai une famille adoptive formidable et j'ai bien compris la décision de mes parents biologiques dans leur jeunesse. Mon intérêt est authentique et je suis à l'écoute de toutes les limites qu'ils jugeraient nécessaires de mettre en place.

Ton avis sur ce point serait grandement apprécié. Très sincèrement à toi,

Ton frère aîné

Quelques semaines plus tard je recevais une lettre de l'agence de placement. Elle était de ma sœur biologique.

« Oui, nous aimerions beaucoup te rencontrer », avait-elle écrit. Les lois de Caroline du Nord lui interdisaient de me donner tout élément d'identification mais, contournant ces difficultés, elle m'a livré les premières véritables informations sur la famille biologique que je n'avais jamais rencontrée.

Quand elle m'a raconté que mon vrai père avait été pilote dans la Navy au Vietnam, j'ai été abasourdi : pas étonnant si j'avais toujours aimé sauter depuis des avions et piloter des planeurs. Mon vrai père avait également été, comme je l'ai appris là encore avec stupéfaction, aspirant astronaute pour la NASA lors des missions Apollo du milieu des années 1960 (j'avais moi-même envisagé de me préparer pour une mission de la navette spatiale en 1983). Mon père biologique a ensuite travaillé comme pilote de ligne pour les compagnies Pan Am et Delta.

En octobre 2007, j'ai finalement rencontré mes parents biologiques, Ann et Richard, ma sœur Kathy et mon frère David. Ann m'a raconté comment, en 1953, elle avait passé trois mois au foyer Florence Crittenden pour mères célibataires, situé près de l'hôpital du Charlotte Memorial. Toutes les jeunes filles avaient des noms de code, et puisqu'elle aimait l'histoire de l'Amérique, ma mère avait choisi Virginia Dare – le nom du premier bébé né d'immigrants anglais dans le Nouveau Monde. La plupart des filles l'appelaient simplement Dare. À seize ans, elle était la plus jeune d'entre elles.

Elle m'a raconté que son père était prêt à tout faire pour l'aider quand il a appris sa « situation délicate ». Il était prêt à prendre et déménager toute la famille s'il le fallait. Il était sans emploi depuis un certain temps, et accueillir un nouveau bébé à la maison aurait ajouté une grosse pression financière, sans même parler de tous les autres problèmes. Un de ses amis avait même parlé d'un médecin qu'il connaissait à Dillon en Caroline du Sud, et qui pouvait « s'en occuper ». Mais sa mère n'avait pas voulu en entendre parler.

Ann m'a raconté comment elle avait observé les étoiles qui brillaient intensément dans le vent d'un nouveau front froid en cette nuit glaciale de décembre 1953 – comment elle avait traversé les rues vides sous des nuages bas épars qui filaient à grande vitesse. Elle avait souhaité être seule pendant un moment avec la lune, les étoiles et son enfant à naître – moi.

« Le croissant de lune se trouvait bas sur l'horizon à l'ouest. Un Jupiter éclatant se levait, pour veiller sur nous toute la nuit. Richard adorait les sciences et l'astronomie, et il m'a ensuite expliqué que Jupiter était en opposition cette nuit-là, et ne serait plus aussi brillante avant presque neuf ans. Dans ce laps de temps, beaucoup de choses allaient arriver dans nos vies, y compris la naissance de deux autres enfants. Mais à ce moment-là, j'ai seulement pensé à quel point le Roi des Planètes était beau et brillant, nous surveillant de là-haut. » Alors qu'elle entrait dans l'hôpital du foyer, une pensée magique l'a traversée.

Les filles restaient en principe deux semaines au foyer Crittenden après leur accouchement, puis elles rentraient chez elles et reprenaient leur vie là où elles l'avaient laissée. Si elle accouchait effectivement cette nuit-là, elle et moi pourrions être à la maison pour Noël – s'ils la laissaient vraiment sortir au bout de deux semaines. Quel parfait miracle ce serait : me ramener à la maison le jour de Noël.

« Le Dr Crawford sortait d'un autre accouchement et avait l'air terriblement fatigué », m'a raconté Ann. Il a placé une compresse imbibée d'éther sur son visage pour atténuer la douleur, si bien qu'elle était semi-consciente lorsqu'enfin, à 2 h 42 du matin, après une dernière poussée, elle a donné naissance à son premier enfant.

Ann m'a raconté combien elle souhaitait me prendre dans ses bras et me caresser, et qu'elle était restée attentive à mes pleurs jusqu'à ce que la fatigue et l'anesthésique prennent finalement le dessus.

Au cours des quatre heures suivantes, tout d'abord Mars, puis Saturne, Mercure et enfin une Vénus brillante se sont élevés dans le ciel d'est pour me souhaiter la bienvenue dans ce monde. Entre-temps, Ann a dormi plus profondément qu'elle ne l'avait fait depuis plusieurs mois.

L'infirmière l'a réveillée à l'aube.

« Il y a quelqu'un que je veux te présenter », a-t-elle dit joyeusement, et elle m'a montré, emmailloté dans une couverture bleu ciel, pour qu'Ann puisse m'admirer. « Les infirmières étaient toutes d'accord pour dire que tu étais le plus beau bébé de toute la nursery. Je débordais de fierté. »

Aussi fort qu'Ann ait désiré me garder, la froide réalité s'est rapidement imposée : elle ne le pouvait pas. Richard rêvait d'aller à l'université, et ces rêves n'allaient pas me nourrir. Peut-être ai-je senti la douleur d'Ann, car j'ai cessé de m'ali-menter. À onze jours, j'ai été hospitalisé avec le diagnostic « problèmes de croissance », et j'ai passé mon premier Noël ainsi que les neuf jours suivants à l'hôpital de Charlotte.

Après mon admission à l'hôpital, Ann a pris le bus pour le trajet de deux heures vers le nord jusqu'à sa petite ville natale. Elle a passé ce Noël avec ses parents, ses sœurs et ses amis, qu'elle n'avait pas vus depuis trois mois. Tout cela sans moi.

Dès que je me suis alimenté de nouveau, ma vie séparée d'elle a commencé. Ann a senti qu'elle perdait le contrôle de la situation et qu'elle ne serait pas autorisée à me garder. Quand elle a appelé l'hôpital juste après la nouvelle année, on lui a dit que j'avais été envoyé à l'orphelinat de Greensboro.

« Il est parti avec une bénévole ? Comme c'est injuste ! », s'était-elle exclamée.

J'ai passé les trois mois suivants dans un dortoir pour bébés avec plusieurs autres nouveau-nés que leurs mamans ne pouvaient pas garder. Mon berceau était au deuxième étage d'une maison victorienne d'un gris bleuté qui avait été léguée à l'orphelinat. « C'était un endroit très agréable pour une première maison », m'a raconté Ann en riant, « même si c'était avant tout un dortoir pour bébés. » Ann a pris le bus une demi-douzaine de fois pour un trajet de trois heures au cours des mois suivants, tentant désespérément de trouver un moyen de pouvoir me garder avec elle. Elle est venue une fois avec sa mère et une autre fois avec Richard (bien que les infirmières l'aient seulement laissé me voir à travers la fenêtre – elles ne pouvaient pas le laisser dans la même pièce que moi, et encore moins le laisser me prendre dans ses bras).

Mais à la fin du mois de mars 1954, les événements ne tournaient manifestement pas en sa faveur. Elle allait devoir m'abandonner. Elle et sa mère ont pris le bus une dernière fois pour Greensboro.

« Je devais te tenir, te regarder dans les yeux et essayer de t'expliquer tout cela », m'a dit Ann. « Je savais que tu allais seulement rire et roucouler, faire des bulles et des sons rigolos quoi que je dise, mais je sentais que je te devais une explication. Je t'ai serré contre moi une dernière fois, embrassé tes oreilles, ta poitrine et ton visage, puis je t'ai caressé tendrement. Je me souviens comme si c'était hier avoir inspiré profondément, car j'adorais cette odeur merveilleuse de bébé sortant du bain. Je t'ai appelé par ton prénom de naissance et je t'ai dit, "Je t'aime tant, tellement que tu ne le sauras jamais. Et je t'aimerai pour toujours, jusqu'au jour de ma mort." J'ai dit : "Dieu s'il te plaît, fais-lui savoir à quel point il est aimé. Que je l'aime et l'aimerai toujours." Mais je n'avais aucun moyen de savoir si mes prières seraient exaucées. Les conditions d'adoption dans les années 1950 étaient définitives et très secrètes. Aucune possibilité de faire marche arrière, aucune explication. Parfois les dates de naissance étaient changées dans les dossiers, simplement pour compliquer les démarches visant à retrouver la vérité sur l'origine d'un enfant. Pour ne laisser aucune trace. Les accords étaient protégés par des lois sévères de l'État. La règle consistait à oublier que ce soit arrivé et à reprendre sa vie. Et, avec un peu de chance, d'en tirer des leçons. Je t'ai embrassé une dernière fois et je t'ai reposé doucement dans ton berceau. Je t'ai enveloppé dans ta petite couverture bleue, j'ai regardé une dernière fois tes yeux bleus, puis j'ai embrassé mon doigt et l'ai posé sur ton front.

"Au revoir, Richard Michael. Je t'aime", furent les derniers mots que je t'ai adressés, au moins pour le demi-siècle environ à venir. »

Ann a poursuivi en me racontant qu'après son mariage avec Richard et la naissance de leurs autres enfants, elle est devenue de plus en plus obsédée par l'idée de savoir ce qu'il était advenu de moi. En plus d'être un pilote de la Navy et un pilote de ligne, Richard avait un diplôme d'avocat et Ann s'imaginait que cela lui donnait le pouvoir de découvrir mon identité adoptive. Mais Richard était trop gentleman pour revenir sur l'accord d'adoption passé en 1954, et il n'a pas fait de démarche. Au début des années 1970, alors que la guerre au Vietnam faisait toujours rage, Ann ne parvenait pas à oublier la date de ma naissance. J'allais avoir dix-neuf ans en décembre 1972. Serais-je envoyé au front ? Et si c'était le cas, qu'allais-je devenir ? À l'origine, mon projet était de m'engager dans les Marines pour pouvoir voler. Ma vision était de 8/10, et l'Air Force exigeait une vision de 10/10. La rumeur voulait que les Marines enrôlaient même ceux qui avaient une acuité de 8/10 et leur apprenaient à voler. Cependant, ils ont commencé à réduire l'effort de guerre au Vietnam à cette époque, et je ne me suis jamais engagé. Au lieu de cela, je me suis tourné vers l'école de médecine. Mais Ann n'en a bien sûr jamais rien su. Au printemps 1973, ils ont regardé à la télévision le retour des prisonniers de guerre survivants du fameux « Hilton Hanoi », sortant des avions qui revenaient du Nord-Vietnam. Ils ont eu le cœur brisé quand les soldats qu'ils connaissaient, plus de la moitié de la promotion de Richard dans la Navy, se trouvaient manquer à l'appel, et Ann s'est mise en tête que j'avais peut-être été tué là-bas moi aussi.

Une fois ancrée dans son esprit, l'image a refusé de s'enfuir et pendant des années elle fut persuadée que j'avais connu une mort atroce dans les rizières vietnamiennes. Elle aurait certainement été surprise de savoir qu'à cette époque je me trouvais à quelques kilomètres d'elle à Chapel Hill !

Au cours de l'été 2008, j'ai rencontré mon père biologique, son frère Bob, et son beau-frère, également prénommé Bob, à Litchfield Beach, en Caroline du Sud. L'oncle Bob était un héros décoré du Corps des Marines, vétéran de la guerre de Corée et pilote d'essai à China Lake (le centre de test de la Navy dans le désert californien, où il avait travaillé sur le système de missile Sidewinder et piloté des avions Starfighters F-104). À la même période, Bob le beau-frère de Richard établissait un record de vitesse au cours de l'opération Sun Run en 1957, une course de relais en jets de combat F-101 Voodoo circulant autour de la terre à une vitesse moyenne de 1 600 km/h.

J'avais l'impression d'être à une réunion d'anciens de l'école.

Ces rencontres avec mes parents biologiques ont marqué la fin de ce que j'avais fini par appeler mes Années Sans Savoir. Des années qui, comme je l'avais enfin appris, avaient été caractérisées par la même douleur intense pour mes vrais parents que pour moi.

Une seule blessure ne cicatriserait jamais : la perte, dix ans plus tôt en 1998, de ma sœur biologique Betsy (oui, le même prénom qu'une de mes sœurs de ma famille adoptive, et toutes deux ont épousé un Rob, mais c'est une autre histoire). Tout le monde m'a raconté qu'elle avait un grand cœur et, lorsqu'elle ne travaillait pas au centre d'accueil des victimes de viol où elle passait le plus clair de son temps, on la trouvait en train de nourrir et soigner une ménagerie de chiens et de chats abandonnés. « Un vrai ange », m'avait dit Ann. Kathy promit de m'envoyer une photo d'elle. Betsy avait lutté tout comme moi contre une addiction à l'alcool et apprendre sa perte, provoquée en partie par ces combats, me fit comprendre de nouveau combien j'étais chanceux d'avoir pu résoudre mon propre problème. J'aurais voulu rencontrer Betsy, la réconforter – lui dire que ses blessures seraient guéries et que tout irait bien.

Car, étonnamment, retrouver ma famille biologique me donnait le sentiment pour la première fois de ma vie que tout était, en quelque sorte, OK. La famille avait de l'importance et j'avais retrouvé la mienne – la plus grande partie de la mienne. Ce fut mon premier enseignement de la façon dont une connaissance poussée de ses origines peut soigner la vie d'une personne par des voies inattendues. Savoir d'où je venais, quelles étaient mes origines biologiques, me permettait de voir et d'accepter des choses en moi que je n'avais jamais rêvé être capable de voir ni d'accepter. En les rencontrant, je pouvais enfin me débarrasser du soupçon tenace que je traînais sans même en avoir conscience : soupçon selon lequel, quelle que soit *mon* origine au plan biologique, je n'avais pas été aimé ou chéri. Inconsciemment, j'avais cru *ne pas mériter* d'être aimé, ni même d'exister. Découvrir que j'avais été aimé, dès le tout début, a commencé à me guérir de la façon la plus profonde qu'on puisse imaginer. Je ressentais une complétude, une intégralité que je n'avais jamais connues auparavant. Mais ce n'était pas la seule découverte que j'allais faire dans ce domaine. L'autre question qui avait selon moi obtenu une réponse en voiture avec Eben ce jour-là – la question de savoir s'il existait réellement un Dieu aimant quelque part – continuait à se poser, et la réponse dans mon esprit était toujours non.

Mais ce n'est que lors de mes sept jours de coma que j'ai reconsidéré cette question. Et j'ai découvert une réponse complètement inattendue là aussi...

12

Le Cœur

Quelque chose me tirait. Non pas comme quelqu'un qui aurait saisi mon bras, mais quelque chose de plus subtil, de moins physique. C'était un peu comme quand le soleil se cache derrière un nuage et que l'on sent son humeur changer instantanément en réponse.

Je retournais, je m'éloignais du Cœur. Sa brillante noirceur d'encre s'est fondue dans le vert panorama du Passage avec tous ses paysages éblouissants. En regardant vers le bas, j'ai vu de nouveau les villageois, les arbres, les rivières étincelantes et les chutes, de même que les êtres angéliques qui formaient un arc au-dessus.

Ma compagne était présente également. Elle avait bien sûr été là tout au long de mon voyage dans le Cœur, sous forme d'une sphère de lumière. Mais elle avait maintenant repris sa forme humaine. Elle portait la même belle robe, et en la revoyant j'étais comme un enfant perdu dans une grande ville étrangère qui croise soudain un visage familier. Quel cadeau ! « Nous te montrerons beaucoup de choses, puis tu retourneras. » Ce message, qui m'avait été délivré sans aucun mot à l'entrée de l'obscurité sans fond du Cœur, me revenait maintenant. Et je comprenais également où je « retournais ».

Le Monde Vu du Ver de terre où j'avais commencé cette odyssée.

Mais cette fois c'était différent. En me déplaçant dans l'obscurité avec la pleine connaissance de ce qui se trouvait au-dessus, je ne revivais pas l'angoisse que j'avais connue la première fois. Alors que la glorieuse musique du Passage s'estompait et que le martèlement pulsatile du niveau inférieur reprenait, j'entendais et je regardais tout cela comme un adulte regarde un endroit dont il avait peur autrefois, mais plus maintenant. La mélasse et la noirceur, les visages qui se formaient puis disparaissaient, les racines comme des artères qui plongeaient dans les profondeurs ne déclenchaient plus aucune terreur chez moi, car je comprenais – à ce moment-là je comprenais tout sans le support des mots – que je n'appar-tenais pas à cet endroit, mais que je ne faisais que le visiter.

Mais *pourquoi* le visitais-je à nouveau ? La réponse est venue à moi de la même façon, instantanée et non verbale, que les réponses m'étaient parvenues dans le monde supérieur. Toute cette aventure, commençais-je à comprendre, était une sorte de visite – un genre de grand panorama de l'invisible, de la face spirituelle de l'existence. Et comme toutes les bonnes visites, cela incluait tous les étages et tous les niveaux.

Une fois de retour à ce niveau inférieur, les caprices du temps des plans situés au-delà de ce que je connaissais sur cette terre ont continué à avoir cours. Pour avoir une petite – seulement une toute petite – idée de l'impression que cela procure, pensez à la façon dont le temps se manifeste dans les rêves. Dans un rêve, il devient délicat d'utiliser les termes « avant » et « après ». On peut se trouver dans une partie du rêve et savoir ce qui va arriver même si on ne l'a pas encore vécu.

Mon « temps » au-delà était quelque chose de cet ordre – mais je dois aussi souligner que ce qui m'est arrivé n'avait rien de la confusion obscure de nos rêves terrestres, sauf au tout début alors que j'étais encore dans le monde souterrain.

Depuis combien de temps me trouvais-je là cette fois-ci ? À nouveau je n'en ai aucune idée précise – et aucun moyen de l'évaluer. Mais je sais qu'après être retourné à ce niveau inférieur, cela m'a pris du temps avant de découvrir qu'en fait je pouvais exercer un certain contrôle sur mon parcours – que je n'étais plus piégé dans ce monde inférieur. Au prix d'un sérieux effort, je pouvais retourner dans les plans supérieurs. À un certain point dans les noires profondeurs, j'ai voulu entendre de nouveau la Mélodie Tournoyante. Après une courte lutte pour me souvenir des notes, la sublime musique et les sphères de lumière qui l'émettaient sont apparues dans ma conscience.

Elles ont tranché, une fois de plus, dans la gelée boueuse et j'ai commencé à m'élever.

Dans les mondes supérieurs, ainsi que je l'ai peu à peu découvert, connaître et être capable de penser à quelque chose suffit pour se déplacer dans sa direction. Penser à la Mélodie Tournoyante suffisait à la faire venir, et désirer les mondes supérieurs m'y emmenait. Plus je devenais familier avec le plan supérieur et plus il m'était facile d'y retourner. Pendant la période que j'ai passée hors de mon corps, j'ai fait ce déplacement aller-retour, depuis l'obscurité boueuse du Monde Vu du Ver de terre à la brillance émeraude du Passage, puis dans l'intense noirceur sacrée du Cœur, un grand nombre de fois. Impossible de dire combien exactement – de nouveau parce que le temps tel qu'il existait dans ces endroits ne se traduit pas dans notre conception du temps terrestre. Mais à chaque fois que je revenais dans le Cœur, j'allais plus loin que la fois précédente et j'en apprenais davantage, de cette manière non verbale, plus-que-verbale, dont toute chose est transmise dans les mondes supérieurs à celui-ci.

Cela ne veut pas dire que j'ai vu la totalité de l'univers, ni lors de mon premier voyage depuis le Monde Vu du Ver de terre jusqu'au Cœur ni lors des suivants. En fait, l'une des vérités qui m'était enseignée dans le Cœur à chaque fois que j'y retournais était à quel point il est impossible de comprendre tout ce qui existe – que ce soit sous son aspect physique/visible ou son aspect spirituel/invisible (bien plus grand), sans même mentionner les innombrables autres univers qui existent ou ont existé.

Mais rien de tout cela n'avait d'importance, car j'avais déjà reçu l'enseignement d'une chose – la seule chose – qui, en dernière analyse, comptait vraiment. J'avais d'abord reçu cet enseignement de la part de ma compagne sur l'aile du papillon lors de ma première entrée dans le Passage. Il était venu en trois parties, et pour le mettre à nouveau en mots (car bien sûr ce fut d'abord délivré sans mots), cela donnait quelque chose comme ça :

> *Tu es aimé et chéri.*
> *Il n'y a rien dont tu doives avoir peur.*
> *Il n'y a rien que tu puisses faire mal.*

Si je devais concentrer ce message en une seule phrase, cela donnerait :
Tu es aimé.
Et si je devais le résumer encore davantage, en un seul mot, ce serait (bien sûr) tout simplement : *Amour.*
L'amour est sans aucun doute la base de toute chose. Non pas un amour abstrait, difficile à comprendre, mais l'amour au quotidien que tout le monde connaît – le genre d'amour que nous ressentons lorsque nous regardons notre partenaire de vie et nos enfants, ou même nos animaux familiers. Dans sa forme la plus pure et la plus

puissante, cet amour n'est ni jaloux ni égoïste, mais inconditionnel. C'est la réalité des réalités, la glorieuse et insondable vérité qui vit et respire au cœur de chaque chose qui existe ou existera jamais, et aucune compréhension même approximative de qui – et de ce que – nous sommes ne peut être atteinte par celui qui l'ignore et ne l'incarne pas dans chacun de ses actes.

Nous sommes loin de la réflexion scientifique ? Eh bien, je ne suis pas d'accord. Je reviens de cet endroit et rien ne pourrait me convaincre qu'il ne s'agit pas là de la plus grande vérité émotionnelle de l'univers, mais également de la plus importante vérité *scientifique*.

J'ai raconté mon expérience et rencontré des personnes qui étudient ou ont vécu des expériences de mort imminente depuis plusieurs années maintenant. Je sais que la formule *amour inconditionnel* est largement mise en avant dans ces cercles. Combien d'entre nous peuvent saisir ce que cela signifie vraiment ?

Je sais, bien sûr, pourquoi ces mots reviennent si souvent. C'est parce que de très nombreuses autres personnes ont vu ce que j'ai vu et ont fait la même expérience que moi. Mais tout comme moi, lorsqu'elles reviennent au niveau matériel, elles doivent passer par des mots, et seulement des mots, pour transmettre des expériences et des connaissances qui dépassent complètement le pouvoir des mots. Un peu comme essayer d'écrire un roman en utilisant seulement la moitié de l'alphabet.

Le premier obstacle que la plupart des témoins d'EMI doivent franchir n'est pas de se réhabituer aux limitations du monde matériel – bien qu'il s'agisse certainement d'un défi –, mais de faire comprendre comment l'amour qu'ils ont éprouvé là-haut *est réellement ressenti*.

Au fond de nous, nous le savons déjà. Tout comme Dorothy dans *Le Magicien d'Oz* avait toujours la possibilité de rentrer à la maison, nous avons la capacité de retrouver notre connexion avec ce monde idyllique. Nous avons seulement oublié que nous l'avions, car pendant la période physique de notre existence, basée sur notre cerveau, celui-ci bloque, ou voile, l'arrière-plan cosmique, tout comme la lumière du soleil nous empêche de voir les étoiles chaque matin. Imaginez à quel point notre conception de l'univers serait limitée si nous ne voyions jamais le ciel nocturne parsemé d'étoiles.

Nous percevons seulement ce que le filtre de notre cerveau laisse passer. Le cerveau – en particulier son hémisphère gauche linguistique/logique, celui qui génère notre sens de la rationalité et la sensation d'être un soi ou un ego bien défini – est un obstacle à notre connaissance et à notre expérience supérieures.

J'ai la conviction que nous traversons maintenant un moment crucial de notre existence. Nous devons retrouver davantage de cette connaissance plus vaste pendant que *nous vivons ici sur terre*, et pendant que nos cerveaux (y compris les parties analytiques de l'hémisphère gauche) fonctionnent pleinement. La science – cette science à laquelle j'ai consacré tant de ma vie – n'est pas en contradiction avec ce que j'ai appris là-haut. Mais trop, bien trop de gens pensent que c'est le cas, car certains membres de la communauté scientifique qui sont inféodés à la vision matérialiste du monde ont répété encore et encore que science et spiritualité ne peuvent coexister.

Ils se trompent. Faire connaître plus largement ce fait ancien, mais absolument essentiel, est la raison pour laquelle j'ai écrit ce livre, et il rend tous les autres aspects de mon histoire – le mystère de ma contamination par la maladie, de la façon dont je me suis retrouvé conscient dans une autre dimension pendant ma semaine de coma, et dont j'ai finalement récupéré si complètement – entièrement secondaires.

L'amour et l'acceptation inconditionnels que j'ai connus au cours de mon voyage constituent la découverte la plus importante que j'ai jamais faite, ou ferai jamais, et aussi difficile qu'il sera pour moi de comprendre les autres leçons que j'ai apprises là-haut, je sais également dans mon cœur que partager ce message essentiel – si simple que la plupart des enfants l'acceptent sans hésiter – est désormais la tâche la plus importante qui m'attend.

13

Mercredi

Depuis deux jours, « mercredi » était le mot clé
– c'était le jour qui était évoqué par mes médecins quand il s'agissait de décrire mes chances
de m'en sortir. Comme dans : « Nous espérons
constater une amélioration d'ici à mercredi. »
Et maintenant nous étions mercredi, sans le
moindre indice d'une amélioration de mon état.

« Quand est-ce que je vais voir papa ? »

Cette question – naturelle pour un garçon de
dix ans dont le père est hospitalisé – était posée
par Bond régulièrement depuis que j'étais tombé
dans le coma le lundi. Holley avait réussi à rester évasive pendant deux jours, mais le mercredi matin, elle a décidé qu'il était temps d'y
répondre.

Quand Holley avait expliqué à Bond, le lundi
soir, que je n'étais pas encore rentré de l'hôpital parce que j'étais « malade », il avait évoqué
ce que ce mot avait toujours signifié pour lui
jusqu'à ce point de ses dix années de vie : une
toux, un mal de gorge – peut-être un mal de

tête. Certes, son appréciation de la douleur que peut occasionner un mal de tête s'était largement amplifiée à la suite de ce qu'il avait vu le lundi matin. Mais lorsque Holley l'a emmené à l'hôpital ce mercredi après-midi, il espérait tout de même être accueilli par quelque chose de très différent de ce qu'il a découvert dans mon lit d'hôpital.

Bond a vu un corps qui ne ressemblait déjà plus que vaguement à ce qu'il connaissait de son père. Lorsque quelqu'un dort, on peut le regarder et se dire qu'il y a toujours une personne qui habite ce corps. Il y a une présence. Mais la plupart des médecins vous diront qu'il en va autrement pour une personne dans le coma (même s'ils ne peuvent pas vous dire exactement pourquoi). Le corps est là, mais on ressent une sensation étrange, presque physique, que la personne est absente. Que son essence, inexplicablement, est ailleurs.

Eben IV et Bond avaient toujours été très proches, et ce depuis qu'Eben avait accouru dans la chambre d'accouchement pour embrasser son petit frère alors que Bond n'avait que quelques minutes. Eben était avec Bond à l'hôpital ce troisième jour de mon coma, et il a fait ce qu'il a pu pour présenter la situation de façon aussi positive que possible à son petit frère. Étant à peine plus qu'un jeune garçon lui-même, il a proposé à Bond un scénario qui devrait certainement lui plaire : une bataille.

« Faisons un dessin de ce qui se passe pour que papa puisse le voir quand il ira mieux », a-t-il dit à Bond.

Alors, sur une table de la cantine de l'hôpital, ils ont étalé une grande feuille de papier orange et ont dessiné une représentation de ce qui se produisait à l'intérieur de mon corps comateux. Ils ont dessiné mes globules blancs, portant des capes et armés d'épées, défendant le territoire assiégé de mon cerveau. Et, armés de leurs propres épées et portant un uniforme sensiblement différent, ils ont dessiné l'envahisseur *E. coli*. C'était un combat au corps à corps et les victimes des deux camps étaient éparpillées.

À sa façon, c'était une représentation assez juste de la réalité. La seule chose qui ne l'était pas, tenant compte de la simplification d'événements plus complexes qui se produisaient dans mon corps, était la façon dont la bataille se déroulait. Dans le dessin d'Eben et de Bond, la bataille faisait rage avec deux camps luttant pied à pied et l'issue était incertaine – même si, bien sûr, les globules blancs allaient finir par gagner. Mais, assis avec Bond, les feutres étalés sur la table et essayant de partager cette version naïve des événements, Eben savait qu'en réalité la bataille n'était plus aussi intense, ni aussi incertaine.

Et il savait quel camp était en train de la gagner.

14

Une EMI particulière

> « *La vraie valeur d'un homme*
> *se détermine en examinant*
> *dans quelle mesure et dans quel sens*
> *il est parvenu à se libérer du moi.* »
> Albert EINSTEIN (1879-1955)

Lorsque je me trouvais initialement dans le Monde Vu du Ver de terre, je n'avais pas de véritable centre de conscience. Je ne savais pas qui, ni ce que j'étais, ni même si j'étais. J'étais simplement... là, une forme singulière de conscience au milieu d'un néant épais, sombre, vaseux, qui n'avait pas de commencement et, apparemment, pas de fin.

Maintenant, cependant, je savais. Je comprenais que je faisais partie du Divin et que rien – absolument rien – ne pourrait jamais m'enlever cela. La (fausse) crainte que nous puissions d'une manière ou d'une autre être séparés de Dieu est à la racine de toutes les formes d'anxiété dans l'univers, et le remède – que j'ai reçu en partie dans le Passage et complètement dans le Cœur – est la connaissance que rien ne peut jamais nous séparer de Dieu. Cette connaissance – qui reste la chose la plus importante que j'aie jamais apprise – a retiré au Monde Vu du Ver de terre son caractère effrayant et m'a permis de voir ce qu'il était vraiment : une partie du cosmos pas franchement agréable, mais sans doute nécessaire.

De nombreuses personnes ont voyagé dans les mêmes régions que moi mais, étrangement, la plupart d'entre elles se souvenaient de leur identité terrestre lorsqu'elles étaient loin de leur forme matérielle. Elles savaient qu'elles étaient John Smith ou George Johnson ou Sarah Brown. Elles n'ont jamais perdu de vue le fait qu'elles vivaient sur terre. Elles avaient conscience que leurs proches vivants étaient toujours là, attendant et espérant qu'elles reviennent. Elles ont aussi, dans de nombreux cas, rencontré des amis et des parents décédés avant elles et, dans ces situations également, elles ont immédiatement reconnu ces personnes.

Beaucoup de témoins d'EMI ont rapporté le souvenir d'une revue de la vie, dans laquelle ils ont observé leurs interactions avec plusieurs personnes et leurs bonnes ou mauvaises actions au cours de leur vie.

Je n'ai vécu aucun de ces événements, et pris ensemble ils démontrent le caractère inhabituel de mon EMI. J'étais entièrement libéré de mon identité corporelle dans son intégralité, de sorte que tout aspect classique d'une EMI éventuellement lié au souvenir de qui j'étais sur terre était rigoureusement absent.

Dire à ce stade des événements que je n'avais toujours aucune idée de qui j'étais ni d'où je venais peut sembler déconcertant, je le reconnais. Après tout, comment pouvais-je apprendre toutes ces choses étonnamment complexes et belles, comment pouvais-je voir la jeune femme à côté de moi et les arbres en fleurs, les chutes d'eau et les villageois, et ne pas savoir que c'était moi, Eben Alexander, qui en faisais l'expérience ? Comment pouvais-je comprendre tout ce que je comprenais et ne pas comprendre que sur terre, j'étais un médecin, un mari et un père ? Quelqu'un qui ne voyait pas des arbres, des rivières et des nuages pour la première fois en atteignant le Passage, mais qui en avait vu plus souvent qu'à son tour en grandissant dans la très concrète et très terrestre ville de Winston-Salem en Caroline du Nord ?

Ma meilleure tentative de réponse est de suggérer que j'étais dans une situation proche d'une personne victime d'une amnésie partielle mais bénéfique. C'est-à-dire une personne *qui a oublié certains aspects clés à propos d'elle-même,* mais *qui tire bénéfice de cet oubli,* même si cela dure peu de temps.

De quelle façon ai-je profité de l'oubli de mon moi terrestre ? Cela m'a permis d'aller profondément dans des domaines au-delà de notre monde sans avoir à m'inquiéter de ce que je laissais derrière moi. Pendant tout ce temps dans ces mondes, j'étais une âme sans rien à perdre. Aucun endroit à oublier, personne à pleurer. J'arrivais de nulle part et je n'avais pas d'histoire, aussi j'acceptais pleinement les situations dans lesquelles je me trouvais – même l'obscurité et le chaos initial du Monde Vu du Ver de terre – avec équanimité.

Et puisque j'avais oublié à ce point mon identité mortelle, j'ai pu avoir un accès intégral à l'être cosmique authentique que je suis réellement (et que nous sommes tous). Une fois de plus, par certains aspects, mon expérience était analogue à un rêve, dans lequel on se souvient de certaines choses à propos de soi-même tout en en oubliant complètement d'autres. Mais ce n'est qu'une analogie partiellement utile car, comme je ne cesse de le souligner, le Passage et le Cœur n'étaient absolument pas oniriques mais ultraréels – aussi loin de l'illusoire que l'on puisse se trouver.

Si j'emploie le terme *retiré*, cela sonne comme si l'absence de mes souvenirs terrestres dans le Monde Vu du Ver de terre, le Passage et le Cœur était d'une certaine manière intentionnelle. Je soupçonne désormais que c'était bien le cas. Au risque de trop simplifier, j'ai été autorisé à mourir plus radicalement et à voyager plus profondément que la plupart des expérienceurs d'EMI avant moi.

Aussi arrogant que cela puisse sembler, mes intentions ne le sont pas. La littérature sur les EMI s'est révélée cruciale pour me permettre de comprendre mon propre voyage pendant le coma. Je ne peux prétendre savoir pourquoi j'ai vécu cette expérience, mais je sais maintenant (trois ans plus tard), d'après mes lectures sur les EMI, que la pénétration dans les plans supérieurs tend à être un processus graduel et réclame de l'individu qu'il abandonne ses attachements à quelque niveau qu'il se trouve, pour aller plus haut ou plus loin.

Ce n'était pas un problème pour moi, car tout au long de mon expérience je n'avais aucun souvenir terrestre, et la seule douleur ou la seule peine se manifestait quand je devais retourner *dans* la terre, où j'avais commencé mon périple.

15

Le Don de l'Oubli

« Nous devons croire au libre arbitre.
Nous n'avons pas le choix. »
Isaac B. SINGER (1902-1991)

La conception de la conscience soutenue par la majorité des scientifiques aujourd'hui est qu'elle est composée d'infor-mation numérique – à savoir des données, essentiellement de même nature que celles qu'utilisent les ordinateurs. Bien que certaines de ces données – assister à un superbe coucher de soleil, écouter une merveilleuse symphonie pour la première fois ou même tomber amoureux – puissent nous sembler plus profondes ou spéciales que les innombrables autres fragments d'information qui sont créés et stockés dans notre cerveau, ce n'est vraiment qu'une illusion. Tous les fragments sont, en réalité, qualitativement les mêmes. Nos cerveaux modèlent la réalité exté-rieure en recevant l'information qui parvient par nos sens, et en la transformant en un riche canevas numérique. Mais nos perceptions sont seulement un modèle – et pas la réalité elle-même. Une *illusion*.

C'était, bien entendu, la conception que je défendais également. Je me souviens quand j'étais à l'école de médecine et que j'entendais parfois des arguments présentant la conscience comme rien d'autre qu'un programme informatique très complexe. Ces arguments laissaient entendre que les quelque dix milliards de neurones qui déchargent en permanence dans notre cerveau sont capables de produire la conscience et la mémoire de toute une vie.

Pour comprendre comment le cerveau pourrait effectivement bloquer la connaissance issue des plans supérieurs, nous devons accepter – au moins en tant qu'hypothèse pour le moment – que le cerveau lui-même ne produise pas la conscience. Qu'il est, plutôt, une sorte de valve de réduction ou de filtre, transformant la plus vaste conscience non physique qui est la nôtre dans les mondes non physiques en une capacité plus limitée pour la durée de nos vies mortelles. Il y a, du point de vue terrestre, un avantage très net à cela. Tout comme nos cerveaux travaillent dur à chaque instant de notre vie éveillée pour filtrer le déferlement d'informations sensorielles qui nous parviennent de notre environnement physique, sélectionnant les informations dont nous avons besoin pour survivre, de la même façon le fait d'oublier nos identités transter-restres nous permet également d'être « ici et maintenant » bien plus efficacement. Puisque la plupart des vies ordinaires contiennent déjà trop d'informations que nous puissions traiter pour pouvoir agir, être excessivement conscient des mondes au-delà de l'ici et maintenant freinerait encore davantage nos progrès. Si nous en savions trop sur le monde spirituel dès maintenant, alors conduire nos vies sur terre serait un défi encore plus grand qu'il ne l'est déjà. (Ce qui ne veut pas dire que nous ne devrions pas être conscients des mondes supérieurs d'ores et déjà – mais si nous sommes extraconscients de leur grandeur et de leur immensité, ils peuvent brider notre action ici sur terre.) Depuis une perspective plus déterministe (et je crois désormais que l'univers est absolument déterminé), prendre les bonnes décisions à l'aide du libre arbitre face au mal et à l'injustice sur terre signifierait bien moins si nous nous souvenions, pendant que nous sommes ici, de la beauté et de la magnificence de ce qui nous attend.

Pourquoi suis-je si sûr de tout cela ? Pour deux raisons. La première est qu'on me l'a montré (les êtres qui m'ont enseigné lorsque j'étais dans le Passage et le Cœur), et la seconde est que je l'ai réellement éprouvé. Pendant que j'étais au-delà de mon corps, j'ai reçu une connaissance sur la nature et la structure de l'univers qui était largement au-delà de ma compréhension. Mais je l'ai reçue tout de même, en grande partie car, débarrassé de mes préoccupations matérielles, j'avais de la place pour cela. Maintenant que je suis de retour sur terre et que je me souviens de mon identité corporelle, la graine de cette connaissance transmatérielle a de nouveau été enfouie. Et cependant, elle est toujours là. Je peux la sentir, à chaque instant. Cela prendra des années pour qu'elle s'épa-nouisse dans cet environnement terrestre. C'est-à-dire que cela me prendra des années pour comprendre, en utilisant mon cerveau mortel, matériel, ce que j'ai compris si instantanément et si facilement dans les plans délivrés du cerveau du monde supérieur. Cependant, je suis persuadé qu'en travaillant dur, une grande part de cette connaissance continuera à se révéler.

Dire qu'il existe toujours un gouffre entre notre compréhension scientifique actuelle de l'univers et la vérité telle que je l'ai connue est un euphémisme colossal. J'aime toujours la physique et la cosmologie, j'aime toujours étudier notre vaste et merveilleux univers. Seulement, j'ai désormais une compréhension bien plus étendue de ce que « vaste » et « merveilleux » signifient réellement. La partie physique de l'univers est comme un grain de poussière comparé à sa partie invisible et spirituelle. Dans mon ancienne vision du monde, *spirituel* n'était pas un mot que j'aurais employé au cours d'une conversation scientifique. Je pense désormais que c'est un mot dont nous ne pouvons faire l'économie.

Depuis le Cœur, ma compréhension de ce que nous appelons « énergie sombre » et « matière noire » semblait disposer d'explications claires, de même que d'autres aspects plus complexes de la composition de l'univers que les humains n'aborderont pas avant longtemps.

Cela ne veut pas dire pour autant que je peux vous les expliquer. Car – paradoxalement – je suis toujours en train d'essayer de les comprendre moi-même. Peut-être que la meilleure façon de faire partager cette partie de l'expérience est de dire que j'ai eu un avant-goût d'une autre forme de connaissance, plus étendue : une forme de connaissance à laquelle je pense que les êtres humains seront capables d'accéder en plus grand nombre à l'avenir. Mais tenter de partager cette connaissance maintenant me met un peu dans la position du chimpanzé qui deviendrait humain pendant une journée pour découvrir toutes les merveilles du savoir humain, puis qui retournerait auprès de ses camarades chimpanzés en essayant de leur décrire ce que c'était de connaître plusieurs langues romanes différentes, l'arithmétique et l'échelle immense de l'univers.

Là-haut, une question naissait dans mon esprit et la réponse surgissait aussitôt, comme une fleur qui poussait juste à côté. C'était presque comme si, de même qu'aucune particule dans l'univers n'est réellement séparée d'une autre, aucune question n'existait sans la réponse qui l'accompagnait. Et les réponses n'étaient pas non plus de simples « oui » ou « non ». Elles étaient de vastes édifices conceptuels, de prodigieuses structures de pensée vivante, aussi complexes que des villes. Des idées si grandes qu'il m'aurait fallu des vies entières pour en faire le tour si j'avais été limité à la pensée matérielle. Mais je ne l'étais pas. J'étais débarrassé de ce type de pensée comme un papillon sortant de sa chrysalide.

J'ai vu la terre comme un point bleu pâle dans l'immensité noire de l'espace physique. Je pouvais voir que la terre est un endroit où le bien et le mal se mélangent, et que cela constitue l'une de ses caractéristiques particulières. Il existe beaucoup plus de bien que de mal même sur terre, mais la terre est un lieu où le mal est autorisé à gagner de l'influence d'une façon qui serait totalement impossible à des niveaux supérieurs d'existence. Le fait que le mal puisse occasionnellement l'emporter était connu et voulu par le Créateur comme une conséquence nécessaire au fait d'avoir accordé le libre arbitre à des êtres tels que nous.

De petites particules de mal étaient éparpillées dans l'univers, mais la somme de tout ce mal était un grain de sable sur une grande plage par comparaison avec la bonté, l'abondance, l'espoir et l'amour inconditionnel dont l'univers était littéralement inondé. La structure même de l'autre dimension est l'amour et l'acceptation, et tout ce qui n'est pas doté de ces qualités apparaît immédiatement déplacé en ces lieux.

Mais le libre arbitre nous est accordé au prix de la perte ou de l'éloignement de cet amour et de cette acceptation. Nous sommes libres ; mais nous sommes des êtres libres oppressés de tous côtés par un environnement qui conspire à nous faire sentir que nous ne sommes pas libres. Le libre arbitre est d'une importance centrale pour notre fonction dans le monde matériel : une fonction qui, comme nous le découvrirons tous un jour, sert le rôle bien plus grand de permettre notre domination au sein de la dimension alternative intemporelle. Notre vie ici-bas peut sembler insignifiante, car elle est en relation minimale avec les autres vies et les autres mondes qui emplissent les univers visibles et invisibles. Mais elle est aussi considérablement importante, car notre rôle ici est de croître en direction du Divin, et cette croissance est étroitement observée par les êtres des mondes supérieurs – les âmes et les sphères translucides (ces êtres que j'ai d'abord vus très loin au-dessus de moi dans le Passage, et dont je pense qu'ils sont à l'origine de notre concept culturel d'anges).

Nous – êtres spirituels actuellement incarnés dans nos cerveaux et nos corps mortels issus de l'évolution, produits de la terre et bourreaux de la terre – faisons les vrais choix. La véritable pensée n'est pas l'affaire du cerveau. Mais nous avons été tellement habitués – en partie par le cerveau lui-même – à l'associer avec ce que nous pensons et avec qui nous sommes, que nous avons perdu la capacité de comprendre que nous sommes de tout temps bien plus que les cerveaux et les corps physiques qui font – ou devraient faire – selon notre volonté.

La vraie pensée est préphysique. C'est la pensée derrière la pensée qui est responsable de tous les choix véritablement conséquents que nous faisons dans le monde. Une pensée qui n'est pas dépendante de la déduction linéaire, mais qui se déplace aussi vite que l'éclair, opérant des connexions à différents niveaux et les rassemblant. Comparée à cette intelligence interne et libre, notre pensée ordinaire est désespérément lente et maladroite. C'est cette pensée qui attrape le ballon dans la surface de réparation, qui produit la juste intuition scientifique ou écrit la chanson inspirée. La pensée subliminale qui est toujours présente quand nous en avons besoin, mais à laquelle nous avons trop souvent perdu la possibilité à la fois d'accéder et de croire. Cela va sans dire, c'est la pensée qui a pris le dessus le soir de ce saut en parachute quand la toile de Chuck s'est ouverte brusquement au-dessous de moi.

Faire l'expérience de la pensée hors du cerveau revient à entrer dans un monde de connexions instantanées qui font de la pensée ordinaire (c'est-à-dire ces caractéristiques limitées par le cerveau physique et la vitesse de la lumière)

un processus désespérément somnolent et labo-
rieux par comparaison. Notre moi le plus vrai, le
plus profond, est entièrement libre. Il n'est pas
diminué ni compromis par des actions passées,
ni concerné par des questions d'identité ou de
statut. Il comprend qu'il n'a aucun besoin d'avoir
peur du monde matériel et donc qu'il n'a aucun
besoin de se construire à travers la gloire, la
richesse ou la conquête.

C'est le moi spirituel véritable que chacun de
nous est destiné à retrouver un jour. Mais en
attendant que ce jour vienne, je pense que nous
devrions faire tout ce qui est en notre pouvoir
pour entrer en contact avec cet aspect miraculeux de nous-mêmes – de le cultiver et de
l'amener en pleine lumière. Il s'agit de l'être qui
vit en chacun de nous maintenant, et qui est
en réalité l'être que Dieu désire ardemment que
nous devenions.

Comment nous rapprochons-nous de ce moi
spirituel authentique ? En manifestant de l'amour
et de la compassion. Pourquoi ? Parce que
l'amour et la compassion sont bien plus que les
abstractions que beaucoup d'entre nous croient
qu'ils sont. Ils sont réels. Ils sont concrets. Et ils
constituent la structure même du monde spirituel.

Afin de retourner dans ce monde, nous devons
à nouveau devenir *comme* ce monde, même pendant que nous sommes coincés et nous agitons
péniblement dans celui-ci.

L'une des plus grosses erreurs que font beaucoup de gens lorsqu'ils pensent à Dieu est d'imaginer Dieu comme impersonnel. Oui, Dieu est derrière les nombres, la perfection de l'univers que la science mesure et lutte pour comprendre. Mais – là encore, paradoxalement – Om est également « humain » – et même *plus* humain que vous et moi. Om comprend et compatit à notre situation humaine plus profondément et personnellement que nous ne pouvons l'imaginer, car Om sait ce que nous avons oublié, et comprend le terrible fardeau consistant à vivre en étant amnésique du Divin, ne serait-ce qu'un instant.

16

Le Puits

Holley a rencontré notre amie Sylvia pour la première fois dans les années 1980, quand toutes deux enseignaient à l'école Ravenscroft de Raleigh en Caroline du Nord. Au cours de cette période, Holley était également amie avec Susan Reintjes. Susan est une intuitive – ce qui n'a jamais influencé mes sentiments pour elle. Elle était dans mon esprit une personne très spéciale, même si ce qu'elle faisait, pour le moins, était hors du champ de ma conception étroitement neurochirurgicale des choses. Elle était également médium et avait écrit un livre intitulé *L'Ouverture du troisième œil*, dont Holley était une grande fan. L'une des activités de guérison spirituelle que Susan pratiquait régulièrement consistait à aider des patients dans le coma à guérir en les contactant psychiquement. Le jeudi, mon quatrième jour dans le coma, Sylvia a suggéré que Susan devrait essayer de me contacter.

Sylvia l'a appelée à son domicile de Chapel Hill et lui a expliqué la situation dans laquelle je me trouvais. Serait-il possible pour elle de « s'accorder » avec moi ? Susan a accepté et demandé quelques détails sur mon état. Sylvia lui a expliqué l'essentiel : j'étais dans le coma depuis quatre jours et dans une condition critique.

« C'est tout ce que j'ai besoin de savoir », a dit Susan. « J'essaierai de le contacter ce soir. »

Du point de vue de Susan, un patient dans le coma était un être se trouvant dans une sorte d'entre-deux. Ni complètement ici (le monde matériel), ni complètement là (le monde spirituel), ces patients sont souvent entourés d'une atmosphère singulière. C'était, comme je l'ai mentionné, un phénomène que j'avais moi-même constaté à plusieurs reprises, bien que je ne lui aie jamais accordé le même crédit surnaturel que lui attribuait Susan.

Selon l'expérience de Susan, l'une des caractéristiques qui faisait des comateux des patients à part était leur réceptivité à la communication télépathique. Elle était persuadée qu'une fois qu'elle serait en état de méditation, elle établirait rapidement le contact avec moi.

« Communiquer avec un comateux, m'a-t-elle raconté plus tard, est comme lancer une corde dans un puits profond. La profondeur à laquelle la corde doit descendre dépend de la profondeur de l'état comateux. Quand j'ai essayé de te contacter, la première chose qui m'a surprise est la profondeur à laquelle la corde a dû descendre. Plus elle descendait et plus j'avais peur que tu sois trop loin – peur d'être incapable de t'atteindre parce que tu n'allais pas revenir. »

Après cinq minutes de descente mentale le long de la « corde » télépathique, elle a senti une légère modification, comme une ligne de pêche plongeant profondément dans l'eau et qui transmet une faible mais authentique secousse.

« J'étais sûre que c'était toi », m'a-t-elle dit plus tard, « et je l'ai dit à Holley. Je lui ai dit que ton moment n'était pas venu et que ton corps saurait quoi faire. J'ai suggéré à Holley de garder à l'esprit ces deux pensées et de te les répéter au bord du lit. »

17

N de 1

C'est le jeudi que mes médecins ont su que ma souche particulière d'*E. coli* n'était pas la même que la souche ultrarésistante qui, inexplicablement, s'était manifestée en Israël au moment même où je m'y trouvais. Mais le fait qu'elles ne correspondaient pas rendait mon cas encore plus déconcertant. D'un côté, le fait que je n'hébergeais pas une souche bactérienne capable de balayer un tiers de la population du pays était certainement une bonne nouvelle, mais en ce qui concernait ma propre guérison, cela soulignait surtout ce que mes médecins soupçonnaient déjà très clairement : mon cas était essentiellement sans précédent.

De plus, il passait rapidement de « désespéré » à « sans espoir ». Les médecins n'avaient tout simplement aucune réponse ni pour expliquer comment j'avais contracté la maladie, ni sur la façon de me sortir du coma. Ils n'étaient sûrs que d'une chose : ils ne connaissaient pas un seul cas de patient qui avait pleinement récupéré d'une méningite bactérienne après plusieurs jours de coma. Nous en étions maintenant au quatrième jour.

Le stress laissait des traces sur tout le monde. Phyllis et Betsy avaient décidé le mardi que toute discussion concernant l'éventualité de ma mort était interdite en ma présence, selon l'idée voulant qu'une part de moi pourrait saisir la discussion. Tôt le jeudi matin, Jean a demandé à l'une des infirmières de l'USI quelles étaient mes chances de survie. Betsy, de l'autre côté du lit, l'a entendue et lui a dit : « *S'il te plaît*, n'aie pas cette conversation dans cette chambre. »

Jean et moi avions toujours été très proches. Nous faisions partie de la famille tout comme nos sœurs « faites maison », mais le fait que nous ayons été « choisis » par maman et papa, comme ils disaient, créait inévitablement entre nous un lien spécial. Elle avait toujours été là pour moi, et sa frustration née de son impuissance devant la situation l'amenait près du point de rupture. Les yeux de Jean se sont chargés de larmes. « Je dois rentrer à la maison un moment », a-t-elle dit.

Après avoir constaté qu'il y avait suffisamment de monde pour continuer à me veiller près du lit, tous ont admis que l'équipe soignante serait probablement soulagée d'avoir une personne en moins dans ma chambre.

Jean est repassée chez nous, a rangé ses affaires, puis elle est rentrée chez elle dans le Delaware cet après-midi-là. En partant, elle a manifesté le premier signe visible d'un sentiment que toute la famille commençait à ressentir : l'impuissance. Il y a peu d'expériences plus frustrantes que de voir un être cher dans un état comateux. On veut aider, mais on ne le peut pas. On veut que la personne ouvre les yeux, mais elle ne le fait pas. Les familles de patients dans le coma en viennent souvent à ouvrir elles-mêmes les yeux du patient. C'est une façon de forcer l'issue – d'ordonner au patient de se réveiller. Bien sûr, cela ne marche pas et peut même plomber encore davantage le moral. Les comateux profonds perdent la coordination de leurs yeux et de leurs pupilles. Soulevez les paupières d'un patient plongé dans un coma profond et il est probable que vous trouverez un œil pointant dans une direction et l'autre dans la direction opposée. C'est une vision perturbante qui a ajouté à la douleur de Holley plusieurs fois au cours de la semaine lorsqu'elle a soulevé mes paupières et découvert pour l'essentiel les globes oculaires, de travers, d'un cadavre.

Une fois Jean partie, les choses ont commencé à se détraquer. Phyllis se mettait à manifester un comportement que j'avais également observé de nombreuses fois dans ma propre pratique parmi les membres des familles des patients. Elle commençait à en avoir après mes médecins.

« Pourquoi ne nous donnent-ils pas plus d'informations ? », a-t-elle demandé à Betsy, sur un ton outré. « Je te jure, si Eben était là, *lui* nous dirait vraiment ce qui se passe. »

Le fait était que mes médecins faisaient absolument tout ce qu'ils pouvaient pour moi. Phyllis, bien sûr, le savait. Mais la douleur et la frustration de la situation usaient tout simplement mes êtres chers.

Le mardi, Holley avait appelé le Dr Jay Loeffler, mon ancien partenaire pour le développement du programme de radiochirurgie stéréotaxique à l'hôpital Brigham & Women de Boston. Jay était maintenant président de l'oncoradiologie à l'hôpital général du Massachussetts, et Holley pensait qu'il était tout aussi indiqué qu'un autre pour tenter d'apporter des réponses.

Lorsque Holley lui a décrit ma situation, Jay a pensé qu'elle devait se tromper dans certains détails. Car ce qu'elle lui décrivait était, il le savait, tout bonnement impossible. Mais une fois que Holley a réussi à le convaincre que j'étais réellement dans le coma à cause d'un cas rare de méningite bactérienne à *E. coli* dont personne ne pouvait expliquer l'origine, il s'est mis à appeler des experts en maladies infectieuses dans tout le pays. Aucun de ceux auxquels il a parlé n'avait jamais eu connaissance d'un cas comme le mien. En parcourant la littérature médicale jusqu'en 1991, il a pu trouver un seul cas de méningite à *E. coli* chez un adulte qui n'avait pas subi récemment de procédure neurochirurgicale.

À partir du mardi, Jay a appelé au moins une fois par jour pour connaître l'évolution de la situation auprès de Phyllis ou Holley et leur donner des informations sur ses propres investigations. Steve Tatter, un autre bon ami neurochirurgien, a lui aussi appelé quotidiennement et apporté conseils et réconfort. Mais jour après jour, la seule révélation restait que ma condition était la première du genre dans l'histoire de la médecine. La méningite bactérienne à *E. coli* spontanée est rare chez l'adulte. Moins d'une personne sur dix millions la contracte chaque année sur la planète. Et comme toutes les variétés de méningite bactérienne à Gram négatif, elle est hautement agressive. Tellement agressive que parmi les personnes atteintes, plus de 90 % de celles qui ont connu une chute rapide des fonctions neurologiques, comme ce fut mon cas, meurent. C'était le taux de mortalité quand je suis entré aux urgences. Ce taux lugubre de 90 % progressait sournoisement vers les 100 % à mesure que la semaine avançait et que mon corps ne répondait pas aux antibiotiques. Les quelques patients qui survivent dans un cas aussi grave que le mien ont généralement besoin de soins permanents pour le reste de leur vie. Officiellement mon statut était « N de 1 », une formule qui se réfère aux études cliniques dans lesquelles un seul patient est étudié. Il n'y avait tout simplement personne d'autre à qui les médecins pouvaient comparer mon cas.

À partir du mercredi, Holley a emmené Bond me voir chaque après-midi après l'école. Mais le vendredi, elle a commencé à se demander si ces visites ne lui faisaient pas plus de mal que de bien. Par moments, surtout au début de la semaine, je bougeais. Mon corps était violemment secoué. Une infirmière frictionnait ma tête et augmentait ma sédation. Tout ceci était dérangeant et pénible à voir pour mon garçon de dix ans. Il était déjà difficile de regarder un corps qui ne ressemblait plus à son père, mais voir ce corps effectuer en plus des mouvements mécaniques qu'il ne reconnaissait pas comme les miens était particulièrement éprouvant. Jour après jour, je devenais de moins en moins la personne qu'il avait connue et de plus en plus un corps méconnaissable dans un lit : le frère jumeau étranger et cruel du père qu'il avait avant.

À la fin de la semaine, ces accès occasionnels d'activité motrice avaient pratiquement cessé. Je n'avais plus besoin de sédation, car le mouvement – même les mouvements complètement automatiques initiés par la boucle réflexe la plus primitive de mon tronc cérébral et de ma moelle épinière – était pour ainsi dire réduit à zéro.

D'autres membres de la famille ainsi que des amis appelaient et demandaient s'ils devaient venir. Il avait été décidé dès le mardi qu'il ne valait mieux pas. Il y avait déjà trop d'agitation dans ma chambre de l'USI. Les infirmières ont fortement suggéré que mon cerveau avait besoin de repos – le plus calme serait le mieux.

Il y avait aussi un changement notable dans le ton de ces appels téléphoniques. Eux aussi passaient subtilement de l'optimisme au désespoir. Parfois, en regardant autour d'elle, Holley avait le sentiment qu'elle m'avait déjà perdu.

Le jeudi après-midi, on a frappé à la porte de Michael Sullivan. C'était sa secrétaire de l'église épiscopale Saint-John. « L'hôpital au téléphone », a-t-elle dit. « Une des infirmières qui s'occupent d'Eben a besoin de vous parler. Elle dit que c'est urgent. » Michael a pris le téléphone.

« Michael », lui a dit l'infirmière, « vous devez venir immédiatement. Eben est mourant. »

En tant que pasteur, Michael s'était déjà trouvé dans cette situation. Les pasteurs voient la mort et les dégâts qu'elle laisse derrière elle au moins aussi souvent que les médecins. Toutefois, Michael était choqué d'entendre le mot « mourant » prononcé à mon propos. Il a appelé sa femme, Page, et lui a demandé de prier : à la fois pour moi et pour qu'il ait lui-même plus de force en cette occasion. Puis il a conduit sous la pluie continue et glaciale jusqu'à l'hôpital, luttant pour voir à travers les larmes qui emplissaient ses yeux.

Quand il est arrivé dans ma chambre, la scène était pratiquement la même que lorsqu'il l'avait quittée la fois précédente. Phyllis était assise

138

à côté de moi, tenant ma main, assurant son tour de veille qui se déroulait sans interruption depuis son arrivée le lundi soir. Ma poitrine se soulevait puis s'abaissait douze fois par minute avec le respirateur, et les infirmières de l'USI vaquaient calmement à leur routine, orbitant autour des machines qui entouraient mon lit et relevant les mesures.

Une autre infirmière est entrée et Michael lui a demandé si c'était elle qui avait appelé son assistante.

« Non », a-t-elle répondu. « J'étais là toute la matinée et son état n'a pas beaucoup changé depuis hier soir. Je ne sais pas qui vous a appelés. »

À onze heures, Holley, maman, Phyllis et Betsy étaient toutes dans ma chambre. Michael a proposé une prière. Tout le monde, y compris les deux infirmières, s'est donné la main autour du lit et Michael a fait une nouvelle supplication du fond du cœur pour que je recouvre la santé. « Seigneur, renvoie-nous Eben. Nous savons que cela est en ton pouvoir. » On ne savait toujours pas qui avait appelé Michael. Mais qui que ce fût, c'est une bonne chose qui a été faite. Car les prières qui me parvenaient depuis le monde d'en dessous – le monde où tout avait débuté – commençaient finalement à passer au travers.

18

Oublier et Se Souvenir

Ma conscience était plus vaste maintenant. Si vaste qu'elle semblait emplir l'univers entier. Avez-vous déjà écouté une chanson sur une station de radio avec de nombreux parasites ? On s'habitue. Puis quelqu'un règle la fréquence, et vous entendez la même chanson dans toute sa clarté. Comment pouviez-vous ne pas avoir remarqué à quel point la première version était faible, lointaine, infidèle à l'original ?

Bien sûr, c'est ainsi que l'esprit fonctionne. Les humains sont conçus pour s'adapter. J'avais expliqué de nombreuses fois à mes patients que tel ou tel inconfort s'atténuerait, ou du moins semblerait s'atténuer, à mesure que leur corps et leur cerveau s'adapteraient à la nouvelle situation. Si quelque chose dure assez longtemps, votre cerveau apprend à l'ignorer, à le contourner ou encore à le traiter de manière normale.

Mais notre conscience matérielle limitée est loin d'être simplement normale, et j'en avais une première illustration lorsque je voyageais toujours plus profondément vers le centre du Cœur. Je ne me souvenais toujours pas de mon passé terrestre, et pourtant j'étais loin de m'en soucier. Même si j'avais oublié ma vie ici, je m'étais souvenu là-haut de qui j'étais vraiment et réellement. J'étais le citoyen d'un univers stupéfiant par son immensité et sa complexité, et dirigé entièrement par l'amour.

De façon presque surnaturelle, mes découvertes au-delà du corps faisaient écho aux leçons que j'avais apprises juste un an auparavant lorsque j'avais renoué avec ma famille biologique. Au bout du compte, aucun d'entre nous n'est orphelin. Nous sommes tous dans la situation dans laquelle j'étais, car nous avons une *autre famille* : les êtres qui nous surveillent et nous protègent – des êtres que nous avons momentanément oubliés mais qui, si nous nous ouvrons à leur présence, attendent de nous aider à naviguer pendant notre période ici, sur la terre. Aucun d'entre nous n'est privé d'amour. Chacun et tout le monde est profondément connu et choyé par un Créateur qui nous chérit au-delà de toute capacité pour nous de le comprendre. Ce savoir ne doit plus rester secret.

19

Nulle Part où Se Cacher

Le vendredi, cela faisait quatre jours que mon corps était sous triple intraveineuse d'antibiotiques et ne répondait toujours pas. La famille et les amis étaient venus d'un peu partout, et ceux qui n'étaient pas venus avaient organisé des groupes de prière dans leurs églises. Ma belle-sœur Peggy et Sylvia, l'amie de Holley, sont arrivées cet après-midi-là. Holley les a accueillies avec un visage aussi enjoué que ses forces le lui permettaient. Betsy et Phyllis continuaient à défendre la ligne *il-va-aller-bien* : rester positif à tout prix. Mais chaque jour cela devenait plus difficile à croire. Betsy elle-même commençait à se demander si la consigne *pas de négativité dans la chambre* ne voulait pas plutôt dire quelque chose comme *pas de réalisme dans la chambre*.

« Penses-tu qu'Eben ferait cela pour nous, si les rôles étaient inversés ? », a demandé Phyllis à Betsy ce matin-là, après une autre nuit largement privée de sommeil.

« Que veux-tu dire ? », a répondu Betsy.

« Je veux dire, penses-tu qu'il passerait chaque minute avec nous, et camperait dans l'USI ? »

Betsy a eu la plus jolie et la plus simple réponse, sous forme de question : « Y a-t-il n'importe quel autre endroit au monde où tu puisses imaginer te trouver ? »

Toutes deux ont admis toutefois que, même si j'étais arrivé dans la seconde en cas de besoin, il était très, très difficile de m'imaginer assis au même endroit pendant plusieurs heures. « Ça n'a jamais été une corvée ou quelque chose qu'il fallait absolument faire – c'était là que nous voulions être », m'a confié Phyllis plus tard.

Ce qui contrariait le plus Sylvia était l'état de mes mains et de mes pieds, qui commençaient à s'incurver, comme les feuilles d'une plante privée d'eau. C'est un phénomène normal chez les victimes d'attaque cérébrale et de coma, car les muscles dominants des extrémités commencent à se contracter. Mais ce n'est jamais facile à observer pour les familles et les proches. En me regardant, Sylvia ne cessait de se répéter de continuer à croire en son intuition initiale. Mais même pour elle, cela devenait très, très difficile.

Holley en arrivait à se culpabiliser de plus en plus (si seulement elle avait monté l'escalier plus tôt, si seulement ceci, si seulement cela...) et tout le monde se donnait beaucoup de mal pour qu'elle n'aborde pas le sujet.

À ce stade, chacun savait que si je parvenais tout de même à une guérison, *guérison* n'était pas vraiment le mot qui conviendrait. J'aurais besoin d'au moins trois mois de rééducation intensive, j'aurais des difficultés chroniques pour parler (si j'avais suffisamment de capacités cérébrales pour pouvoir seulement parler) et j'aurais besoin de soins infirmiers quotidiens pour le restant de mes jours. C'était le scénario le plus favorable et, aussi déprimant et sinistre que cela semble, tout ceci restait essentiellement du domaine du fantasme de toute façon. Les chances que je me retrouve ne serait-ce que dans un état aussi favorable se rapprochaient du néant.

Bond avait été tenu à l'écart des discussions sur les détails de mon état. Mais le vendredi, à l'hôpital après l'école, il a entendu l'un de mes médecins expliquer à Holley ce qu'elle savait déjà.

Il était temps de regarder les choses en face. Il y avait peu de place pour l'espoir.

Ce soir-là, alors qu'il était temps pour lui de rentrer à la maison, Bond a refusé de quitter ma chambre. Le règlement voulait qu'il n'y ait que deux personnes à la fois dans ma chambre pour que les médecins et le personnel infirmier puissent travailler. Aux environs de 18 heures, Holley a gentiment proposé de rentrer pour la soirée. Mais Bond ne voulait pas se lever de sa chaise, juste sous son dessin de la bataille entre mes soldats globules blancs et les troupes de l'envahisseur *E. coli*.

« Il ne sait même pas que je suis là de toute façon », a dit Bond sur un ton mi-amer et mi-implorant. « Pourquoi je ne peux pas rester ? »

Alors pour le reste de la soirée, chacun a pris son tour un par un dans la chambre afin que Bond puisse rester là où il était.

Mais le lendemain matin – samedi – Bond avait changé d'avis. Pour la première fois de la semaine, lorsque Holley lui a caressé la tête pour le réveiller, il lui a dit qu'il ne voulait pas aller à l'hôpital.

« Pourquoi ? », a demandé Holley.

« Parce que », a dit Bond, « j'ai peur. »

C'était un aveu qui parlait pour tout le monde.

Holley est redescendue dans la cuisine pendant quelques minutes. Puis elle a essayé de nouveau, lui demandant s'il était certain de ne pas vouloir aller voir son papa.

Il l'a regardée longuement. « D'accord », a-t-il finalement lâché.

Le samedi s'est déroulé avec la veille continue autour de mon lit et les conversations optimistes entre ma famille et les médecins. Tout cela ressemblait à une tentative de garder l'espoir vivant sans réel enthousiasme. Les réserves de chacun étaient plus vides que la veille.

Le samedi soir, après avoir ramené notre mère Betty à son hôtel, Phyllis s'est arrêtée à notre maison. Il faisait nuit noire, sans la moindre lumière aux fenêtres, et elle s'est frayé un chemin dans la boue en ayant du mal à rester sur les dalles de l'allée. Cela faisait maintenant cinq jours qu'il pleuvait sans discontinuer, depuis l'après-midi de mon admission à l'USI. Une pluie incessante qui était très inhabituelle pour les hautes terres de Virginie, alors que novembre est le plus souvent frais, clair et ensoleillé, comme le dimanche précédent, le dernier jour avant mon attaque. Maintenant, ce jour semblait tellement loin, et on avait l'impression que le ciel avait *toujours* déversé cette pluie. Quand allait-elle enfin cesser ?

Phyllis a ouvert la porte et allumé les lumières. Depuis le début de la semaine, les gens passaient et apportaient de la nourriture, et bien que la nourriture continuait d'arriver, l'atmosphère mi-optimiste/mi-inquiète propre aux rassemblements pour une urgence temporaire était devenue plus sombre et plus désespérée. Nos amis, tout comme notre famille, savaient que le temps d'un espoir quelconque pour moi touchait à sa fin.

Pendant une seconde, Phyllis a pensé allumer un feu, mais une autre pensée a suivi aussitôt, inopportune. À quoi bon ? Elle s'est soudain sentie plus fatiguée et déprimée que jamais auparavant dans sa vie. Elle s'est allongée sur le divan du bureau lambrissé et s'est endormie profondément.

Une demi-heure plus tard, Sylvia et Peggy sont rentrées, marchant sur la pointe des pieds près du bureau quand elles ont vu Phyllis, effondrée là. Sylvia est descendue à la cave et a vu que quelqu'un avait laissé le congélateur ouvert. L'eau formait une mare au sol et la nourriture commençait à décongeler, y compris plusieurs beaux steaks.

Quand Sylvia a expliqué la situation à Peggy, elles ont décidé d'en tirer le maximum. Elles ont appelé le reste de la famille et quelques amis et se sont mises au travail. Peggy est sortie chercher davantage d'accompagnements et ils ont organisé un festin impromptu. Rapidement, Betsy, sa fille Kate et son mari Robbie les ont rejoints, ainsi que Bond. Il y avait beaucoup de bavardages nerveux et beaucoup de contournements du sujet que tout le monde avait en tête : à savoir que je – l'invité d'honneur absent – ne reviendrais probablement jamais dans cette maison.

Holley était retournée à l'hôpital pour poursuivre la veille ininterrompue. Elle s'est assise sur mon lit, tenant ma main, et a continué à répéter les mantras suggérés par Susan Reintjes, se forçant à habiter le sens des mots en les prononçant et à croire en son cœur qu'ils étaient vrais.

« Reçois les prières.

Tu as guéri les autres. Maintenant c'est à ton tour d'être guéri.

Tu es aimé par beaucoup.

Ton corps sait quoi faire. Ce n'est pas encore ton heure de mourir. »

20

La Fermeture

À chaque fois que je me retrouvais de nouveau englué dans le grossier Monde Vu du Ver de terre, j'étais capable de me rappeler la brillante Mélodie Tournoyante et filante, qui ouvrait le portail vers le Passage et le Cœur. J'ai passé de « longs » moments – qui paradoxalement semblaient ne pas avoir la moindre durée – en présence de mon ange gardien sur l'aile du papillon et une éternité à apprendre les leçons du Créateur et de la Sphère de Lumière dans le Cœur.

À un certain point, je suis arrivé au bord du Passage et j'ai découvert que je ne pouvais plus y pénétrer. La Mélodie Tournoyante – jusquelà mon ticket pour me rendre dans ces régions supérieures – ne m'y emmenait plus. Les portes du Paradis étaient refermées.

Une fois de plus, décrire ce que j'ai ressenti est un défi extrême, et ce en raison du goulet d'étranglement du langage linéaire au travers duquel nous devons tout forcer ici sur terre, et à cause de l'aplatissement général de l'expérience qui se produit lorsqu'on se retrouve dans le corps. Pensez à toutes les fois où vous avez éprouvé de la déception. Il existe un sentiment par lequel toutes les pertes que nous subissons ici sur terre sont en vérité les variantes d'une perte absolument centrale : la perte du Paradis. Dès l'instant où les portes du Paradis ont été closes pour moi, j'ai ressenti une tristesse comme je n'en avais jamais connue. Les émotions sont différentes là-haut. Toutes les émotions humaines sont présentes, mais elles sont plus profondes, plus étendues – elles ne sont pas seulement à l'intérieur, mais aussi à l'extérieur de nous. Imaginez si à chaque fois que votre humeur changeait, le climat changeait instantanément en accord avec elle. Si vos larmes déclenchaient une averse torrentielle et si votre joie faisait instantanément disparaître les nuages. Cela donne une indication de l'influence bien plus vaste et conséquente des changements d'humeur là-haut, et nous montre étrangement et puissamment à quel point ce que nous pensons comme « intérieur » et « extérieur » n'existe pas du tout.

Ainsi, je sombrais maintenant, le cœur brisé, dans un monde de chagrin qui grandissait sans cesse, une mélancolie qui était en même temps un *authentique* naufrage.

Je suis descendu entre de grands murs de nuages. J'entendais des murmures autour de moi, mais je ne pouvais comprendre les mots. Puis je me suis rendu compte qu'un nombre incalculable d'êtres m'entouraient, agenouillés, formant un arc qui s'étendait au loin. En y repensant maintenant, je compris ce que faisaient ces hiérarchies d'êtres mi-vus et mi-ressentis, s'étendant dans l'obscurité au-dessus et en dessous de moi.

Elles priaient pour moi.

Deux des visages dont je me suis souvenu ensuite sont ceux de Michael Sullivan et de sa femme, Page. Je me souviens d'eux de profil seulement, mais je les ai clairement identifiés après mon retour quand j'ai retrouvé mon langage. Michael avait été présent physiquement dans la chambre de l'USI de nombreuses fois pour diriger des prières, mais Page n'avait jamais été physiquement là (bien qu'elle ait prié pour moi, elle aussi).

Les prières m'ont donné de l'énergie. C'est certainement pourquoi, aussi intensément triste que je pouvais l'être, quelque chose en moi a senti une étrange confiance m'assurant que tout irait bien. Ces êtres savaient que je vivais une transition, et ils chantaient et priaient pour m'aider à garder mon enthousiasme. J'étais conduit dans l'inconnu, mais à ce stade j'avais pleinement foi et confiance dans le fait qu'on prendrait soin de moi, comme ma compagne sur l'aile du papillon et la Déité débordante d'amour me l'avaient promis – là où j'irais, le Paradis irait avec moi. Il viendrait sous la forme du Créateur, d'Om, et il viendrait sous la forme de l'ange – mon ange –, la Fille sur l'Aile du Papillon.

Je m'en retournais mais je n'étais pas seul – et je savais que je ne me sentirais plus jamais seul.

21

L'Arc-en-ciel

En y repensant plus tard, Phyllis a dit que la chose dont elle se souvenait par-dessus tout à propos de cette semaine était la pluie. Une pluie froide et soutenue tombant de nuages bas et lourds, qui n'a jamais cessé ni laissé le soleil pointer au travers. Pourtant, ce dimanche matin, alors qu'elle garait sa voiture sur le parking de l'hôpital, quelque chose d'étrange s'est produit. Phyllis venait juste de lire le texto du groupe de prière de Boston qui disait : « Attendez-vous à un miracle. » Alors qu'elle se demandait jusqu'à quel point elle pouvait espérer un miracle, tout en aidant maman à sortir de la voiture, elles ont toutes deux commenté le fait que la pluie venait de s'arrêter. À l'est, le soleil projetait ses rayons à travers une brèche entre les nuages, illuminant les superbes montagnes anciennes à l'ouest ainsi que la couche nuageuse au-dessus d'elles, donnant aux nuages gris des teintes dorées.

Puis, en regardant vers les sommets lointains, à l'opposé de l'endroit où le soleil de mi-novembre commençait son ascension, il était là.

Un arc-en-ciel parfait.

Sylvia conduisait Holley et Bond à l'hôpital pour un rendez-vous avec mon médecin principal, Scott Wade. Le Dr Wade était également un ami et un voisin, et il avait lutté contre la pire décision à laquelle les médecins qui s'occupent de maladies mortelles font face. Plus je restais dans le coma et plus il devenait probable que je passerais le reste de ma vie dans un « état végétatif persistant ». Même avec une probabilité élevée que je succombe tout de même à la méningite s'ils arrêtaient simplement les antibiotiques, il serait peut-être plus sensé de les arrêter malgré tout plutôt que de continuer un traitement dans l'éventualité presque certaine d'un coma pour le restant de mes jours. Puisque ma méningite n'avait pas bien répondu du tout au traitement, ils couraient le risque de finalement guérir ma méningite, mais seulement pour me permettre de vivre quelques mois ou quelques années de plus en tant que corps autrefois animé et désormais sans réaction, avec une qualité de vie égale à zéro. « Asseyez-vous », a dit le Dr Wade à Sylvia et Holley sur un ton bienveillant, mais aussi indéniablement sombre.

« Le Dr Brennan et moi-même avons chacun eu une conférence téléphonique avec des experts à Duke, à l'université de Virginie et dans les facultés de médecine de Bowman Gray, et je dois vous dire qu'absolument tout le monde est convaincu que les choses ne se présentent pas bien. Si Eben ne montre pas une vraie amélioration dans les prochaines douze heures, nous recommanderons probablement d'envisager l'arrêt des antibiotiques. Une semaine dans le coma avec une méningite bactérienne est déjà au-delà des limites de tout espoir raisonnable de guérison. Compte tenu de ces perspectives, il serait peut-être préférable de laisser la nature suivre son cours. »

« Mais, j'ai vu ses paupières bouger hier », a protesté Holley. « Vraiment, elles ont bougé. Presque comme s'il essayait de les ouvrir. Je suis sûre de ce que j'ai vu. »

« Je ne doute pas que ce soit le cas », a dit le Dr Wade. « Ses globules blancs sont redescendus également. Ce sont de bonnes nouvelles et je ne veux pas laisser entendre le contraire une seconde. Mais vous devez voir la situation dans son contexte. Nous avons considérablement allégé la sédation d'Eben, et normalement l'examen neurologique devrait montrer plus d'activité que cela. La partie inférieure de son cerveau fonctionne partiellement, mais nous avons besoin de ses fonctions supérieures et elles sont toujours complètement absentes. Une certaine amélioration de la vigilance apparente s'observe chez la plupart des patients dans le coma avec le temps. Leur corps fait des choses qui peuvent laisser croire qu'ils reviennent. Mais ce n'est pas le cas. C'est seulement le tronc cérébral qui se met en état de *coma vigile*, une sorte de position d'attente dans laquelle ils peuvent rester des mois ou des années. Les battements de paupières sont probablement dus à cela. Et je dois vous redire que sept jours est une durée énorme pour un coma avec une méningite bactérienne. »

Le Dr Wade utilisait beaucoup de mots pour tenter d'adoucir le choc d'une information qui pouvait être résumée en une seule phrase.

Il était temps de laisser mourir mon corps.

22

Six Visages

À mesure que je descendais, de plus en plus de visages surgissaient de la boue, comme à chaque fois que je retournais dans le Monde Vu du Ver de terre. Mais cette fois, il y avait quelque chose de différent avec ces visages. Ils étaient désormais humains et non plus animaux.

Et ils étaient manifestement en train de dire des choses.

Non pas que je pouvais comprendre ce qu'ils disaient. C'était un peu comme dans les vieux dessins animés de Charlie Brown, quand les adultes parlent et que vous n'entendez que des sons indéchiffrables. Plus tard, en y réfléchissant, j'ai compris que j'avais en fait identifié six des visages que j'ai vus. Il y avait Sylvia, Holley et sa sœur Peggy. Il y avait Scott Wade et Susan Reintjes. Parmi ces personnes, la seule qui n'était pas physiquement présente au pied de mon lit dans ces dernières heures était Susan. Mais à sa façon, elle avait bien sûr été à mes côtés, également, car cette nuit-là, comme la nuit précédente, elle s'était assise chez elle à Chapel Hill et projetée par la prière en ma présence.

Plus tard, en apprenant tout ceci, j'étais troublé que ma mère Betty et mes sœurs, qui avaient été là toute la semaine à tenir ma main avec amour pendant des heures interminables, n'aient pas fait partie de cette galerie de visages que j'avais vus. Maman avait souffert d'une fracture de fatigue au pied ; elle utilisait un déambulateur pour se déplacer, mais elle avait fidèlement pris son tour dans la veille. Phyllis, Betsy et Jean avait toutes été là. Puis j'ai appris qu'elles n'avaient pas été présentes au cours de cette dernière nuit. Les visages dont je me souvenais étaient ceux qui étaient physiquement présents le septième matin de mon coma, ou la veille au soir.

De nouveau, cependant, au moment où j'effectuais cette descente, je n'avais pas de noms ni d'identités à attribuer à aucun de ces visages. Je savais seulement, ou je sentais, qu'ils étaient importants pour moi d'une façon ou d'une autre.

L'un d'eux m'a particulièrement attiré à lui avec un pouvoir spécial. Il a commencé à m'aiguillonner. Avec une secousse qui semblait produire un écho vers le haut et vers le bas dans l'immense puits de nuages et d'êtres angéliques en prière dans lequel je descendais, j'ai soudain compris que les êtres du Passage et du Cœur – des êtres que je connaissais et aimais, semble-t-il depuis toujours – n'étaient pas les seuls êtres que je connaissais. Je connaissais et j'aimais des êtres en dessous de moi, aussi – en bas dans ce monde que j'approchais rapidement. Des êtres que j'avais, jusqu'alors, complètement oubliés.

Cette connaissance s'est concentrée sur les six visages, mais en particulier sur le sixième. Il était si familier. J'ai compris avec un sentiment de choc se transformant en peur intense que, qui que ce soit, c'était le visage de quelqu'un qui avait besoin de moi. Quelqu'un qui ne pourrait jamais s'en remettre si je partais. Si je l'abandonnais, la perte serait insupportable – comme le sentiment que j'avais eu lorsque les portes du Paradis se sont refermées. Ce serait une trahison que je ne pouvais tout simplement pas commettre.

Jusqu'à ce point, j'avais été libre. J'avais voyagé dans des mondes comme seuls le peuvent vraiment les aventuriers : sans aucune inquiétude pour ce qui les attend. Le résultat n'importait finalement pas, puisque même lorsque j'étais dans le Cœur, il n'y avait jamais aucune inquiétude ou culpabilité quant au risque d'abandonner quelqu'un. C'était bien sûr l'une des premières choses que j'avais apprises quand j'étais avec la Fille sur l'Aile du Papillon et qu'elle m'avait dit : « Il n'y a rien que tu puisses faire qui soit mal. »

Mais maintenant, c'était différent. Tellement différent que, pour la première fois de tout mon voyage, je ressentais une Terreur notable. Non pas pour moi, mais pour ces visages – en particulier pour ce sixième visage. Un visage que je ne parvenais toujours pas à identifier, mais dont je savais qu'il était d'une importance cruciale pour moi.

Ce visage a gagné en détail, jusqu'à ce que je voie finalement qu'il – Il – était en train de supplier que je revienne : que je risque la terrible descente dans le monde inférieur pour être de nouveau avec lui. Je ne pouvais toujours pas comprendre ses mots, mais ils me transmettaient qu'il y avait un enjeu qui m'engageait dans ce monde là-dessous – que j'avais, comme on dit [dans la finance *N.d.T*], « ma peau en jeu ».

Il était important que je revienne. J'avais des liens ici – des liens que je devais honorer. Plus le visage devenait net et plus je le comprenais. Et plus je reconnaissais ce visage.

Le visage d'un petit garçon.

23

Dernière Nuit, Premier Matin

Avant de s'asseoir avec le Dr Wade, Holley a demandé à Bond d'attendre à l'extérieur, car elle ne voulait pas qu'il entende les mauvaises nouvelles qu'elle redoutait. Mais sentant cela, Bond avait traîné derrière la porte et attrapé quelques paroles du Dr Wade. Suffisamment pour comprendre la véritable situation. Pour comprendre que son père, en fait, n'allait pas revenir du tout. Jamais.

Bond a couru dans ma chambre jusqu'à mon lit. En sanglotant, il a embrassé mon front et frotté mes épaules. Puis il a soulevé mes paupières et a dit, directement dans mes yeux vides et dans le vague : « Tu vas aller bien, papa. Tu vas aller bien. » Il n'a cessé de le répéter, encore et encore, croyant comme tout enfant que s'il le disait suffisamment de fois, cela deviendrait à coup sûr la réalité.

Pendant ce temps-là, dans une pièce au bout du couloir, Holley regardait dans le vide, assimilant les mots du Dr Wade aussi bien qu'elle le pouvait.

Finalement, elle a dit : « Je suppose que ça veut dire que je devrais appeler Eben à l'université pour qu'il revienne. »

Le Dr Wade n'a pas délibéré sur la question.

« Oui, je pense que ce serait une bonne chose à faire. »

Holley a marché jusqu'à la grande fenêtre de la salle de conférence, avec vue sur les montagnes de Virginie détrempées mais illuminées, elle a pris son téléphone et a composé le numéro d'Eben.

À ce moment-là, Sylvia s'est levée de sa chaise.

« Holley, attends une seconde », a-t-elle dit. « Laisse-moi juste y aller encore une fois. »

Sylvia est allée dans ma chambre de l'USI et s'est tenue au bord du lit près de Bond, qui caressait silencieusement ma main. Sylvia a posé sa main sur mon bras et l'a caressé doucement. Comme depuis le début de la semaine, ma tête était légèrement tournée d'un côté. Depuis une semaine, tout le monde regardait *vers* mon visage, plutôt que celui-ci directement. Les seules fois où mes yeux s'étaient ouverts étaient limitées aux vérifications par les médecins de la dilatation de mes pupilles en réaction à la lumière (l'un des tests les plus simples mais les plus efficaces de vérifier les fonctions du tronc cérébral), ou quand Holley ou Bond, en dépit des recommandations répétées des médecins, avaient insisté pour le faire et avaient croisé deux yeux morts à la dérive, de travers comme ceux d'une poupée cassée.

Mais là, alors que Sylvia et Bond regardaient mon visage flasque, refusant résolument d'accepter ce qu'ils venaient d'entendre du médecin, quelque chose s'est passé.

Mes yeux se sont ouverts.

Sylvia a poussé un cri. Elle m'a raconté plus tard que le plus gros choc qui a suivi, presque aussi stupéfiant que de voir mes yeux s'ouvrir, a été la façon dont ils ont immédiatement commencé à regarder alentour. En haut, en bas, ici, là... Cela lui rappelait non pas un adulte qui émerge d'un coma de sept jours, mais un nourrisson – quelqu'un qui vient de naître au monde, qui le regarde et le reçoit pour la première fois. D'une certaine façon, elle avait raison.

Sylvia a récupéré de son choc violent et compris que j'étais agité à cause de quelque chose. Elle a couru hors de la chambre vers Holley qui se trouvait toujours près de la fenêtre de la salle de réunion, parlant à Eben IV.

« Holley... Holley ! », a crié Sylvia. « Il est réveillé. Réveillé ! Dis à Eben que son père revient. »

Holley a regardé Sylvia avec de grands yeux. « Eben », a-t-elle dit dans le téléphone, « je te rappelle. Il... ton père revient... à la vie. »

Holley a marché puis couru dans l'USI, suivie de près par le Dr Wade. Sans surprise, j'étais en train de m'agiter violemment sur le lit. Non pas de façon mécanique, mais parce que j'étais conscient et que manifestement quelque chose me gênait. Le Dr Wade a immédiatement compris de quoi il s'agissait : le tube du respirateur toujours dans ma gorge. Le tube dont je n'avais plus besoin puisque mon cerveau et le reste de mon corps étaient revenus à la vie. Il a passé les bras au-dessus de ma tête, coupé le sparadrap et l'a extrait avec précaution.

J'ai toussé un peu en prenant ma première inspiration sans aide depuis sept jours, et j'ai prononcé mes premiers mots de la semaine également :

« Merci. »

Phyllis pensait encore à l'arc-en-ciel qu'elle venait de voir quand elle est sortie de l'ascenseur. Elle poussait maman dans un fauteuil. Elles sont entrées dans la chambre, et Phyllis est presque tombée à la renverse sous l'effet de la surprise. J'étais assis sur mon lit et je rendais leurs regards. Betsy sautait sur place. Elle est tombée dans les bras de Phyllis. Elles pleuraient toutes les deux. Phyllis s'est approchée, puis elle a regardé profondément dans mes yeux.

Je l'ai regardée à mon tour, puis tout le monde autour. Alors que ma chère famille et mes soignants se rassemblaient autour de mon lit, encore stupéfaits par l'inexplicable transition, j'avais un sourire paisible et joyeux.

« Tout va bien », ai-je dit, irradiant ce message bienheureux autant que j'en prononçais les mots. J'ai regardé chacun d'entre eux, profondément, en remerciant le miracle divin de notre existence même.

« Ne vous inquiétez pas… tout est bien », ai-je répété, pour dissiper le moindre doute. Phyllis m'a dit plus tard que c'était comme si je transmettais un message crucial de l'au-delà, que le monde est comme il doit être, que nous n'avons rien à craindre. Elle m'a dit aussi qu'elle se rappelle souvent ce moment lorsqu'elle est contrariée par un problème matériel – pour trouver du réconfort en sachant que nous ne sommes jamais seuls.

Alors que je reprenais conscience de la présence de chacun, j'avais l'impression de revenir à mon existence terrestre.

« Que faites-vous ici ? », leur ai-je demandé.

À quoi Phyllis a répondu : « Que fais-*tu* ici ? »

24

Le Retour

Bond avait imaginé son père se réveillant, regardant autour et ayant juste besoin d'un petit rattrapage sur ce qui s'était passé avant de reprendre le rôle du papa qu'il avait toujours connu.

Cependant, il s'est rapidement aperçu que ça n'allait pas être aussi facile. Le Dr Wade a mis Bond en garde vis-à-vis de deux choses : d'abord, il ne devait pas s'attendre à ce que je me souvienne de ce que j'avais dit en émergeant du coma. Il a expliqué que le processus de la mémoire demande énormément d'énergie au cerveau et que le mien n'avait pas suffisamment récupéré pour être performant à ce niveau sophistiqué. En second lieu, il ne devait pas trop s'inquiéter de ce que j'allais dire au cours de ces premiers jours, car une grande partie allait sembler largement insensée.

Il avait raison sur les deux points.

Le premier matin de mon retour, Bond m'a fièrement montré le dessin qu'Eben IV et lui avaient fait de mes globules blancs attaquant la bactérie *E. coli*.

« Waouh ! Fantastique », ai-je dit.

Bond rayonnait de fierté et d'excitation.

Puis j'ai continué : « Quelles sont les conditions à l'extérieur ? Que disent les instruments ? Tu dois bouger, je suis prêt à sauter ! »

Le visage de Bond s'est défait. Inutile de le dire, ce n'était pas le retour intégral qu'il avait espéré.

J'avais de sauvages hallucinations, revivant certains des instants les plus forts de ma vie, et de la façon la plus intense qui soit.

Dans mon esprit, j'étais au bord du vide, prêt à m'élancer hors d'un DC3 près de cinq kilomètres au-dessus de la terre… en étant le dernier à sortir, ma position favorite. C'était le vol maximal pour mon corps.

Explosant dans les rayons du soleil à l'extérieur de l'avion, j'ai immédiatement plongé tête la première, mes bras bien plaqués derrière mon dos (dans mon esprit) ; je ressentais la vibration familière alors que je tombais sous le souffle de l'hélice, et je regardais à l'envers le ventre argenté de l'énorme avion qui commençait à s'éloigner dans le ciel, ses grandes hélices tournant au ralenti, alors que la terre et les nuages au-dessous se reflétaient dans sa carlingue. Je considérais la curieuse situation de voir les volets et les roues sortis (comme pour l'atterrissage), tout en étant encore à des kilomètres au-dessus du sol (ceci pour freiner et minimiser le choc contre l'air pour les sauteurs).

J'ai plaqué mes bras autant que je le pouvais, plongeant pour accélérer progressivement jusqu'à 250 km/h, avec rien d'autre que mon casque tacheté de bleu et mes épaules contre l'air raréfié des hauteurs pour résister à l'attraction de l'énorme planète au-dessous, parcourant plus que la longueur d'un terrain de football par seconde, le vent sifflant furieusement comme un ouragan surpuissant, plus fort que quoi que ce soit.

Passant entre les sommets de deux énormes nuages blancs joufflus, je fonçais dans l'espace clair qui s'ouvrait entre eux, la terre verte et la mer étincelante d'un bleu profond loin dessous, dans ma ruée sauvage et palpitante pour rejoindre mes amis, à peine visibles, en formation de flocon de neige multicolore qui grandissait à chaque seconde alors que d'autres sauteurs les rejoignaient, loin, loin dessous...

Je faisais des allers-retours entre l'USI et hors de mon esprit dans l'illusion gorgée d'adrénaline d'un superbe saut en chute libre. J'étais à mi-chemin entre devenir timbré – et le réaliser.

Pendant deux jours j'ai parlé de chute libre, d'avions et d'Internet à tous ceux qui voulaient bien m'écouter. À mesure que mon cerveau retrouvait peu à peu ses repères, j'entrais dans un univers paranoïaque étrange et épuisant. Je suis devenu obsédé par un horrible arrière-plan de « messages Internet » que je voyais dès que je fermais les yeux et qui apparaissait parfois au plafond lorsqu'ils étaient ouverts. Quand je fermais les yeux, j'entendais des sons grinçants, monotones et antimé-lodieux de psalmodies, qui s'évanouissaient le plus souvent quand je les ouvrais à nouveau. Je gardais mon index en l'air, pointé tout comme E.T., essayant de guider le flux du téléscripteur Internet pour qu'il me dépasse, en russe, en chinois.

En résumé, j'étais un peu fou.

C'était un peu comme le Monde Vu du Ver de terre, mais en plus cauchemardesque, car ce que j'ai entendu et vu était entrelacé avec les attributs de mon passé humain (je reconnaissais les membres de ma famille, même quand, comme avec Holley, je ne me rappelais pas leur nom).

Mais en même temps cela n'avait pas la clarté et la richesse vibrante – l'ultraréalité – du Passage et du Cœur. J'étais à coup sûr de retour dans mon cerveau.

En dépit de ce moment initial de pleine lucidité apparente lorsque mes yeux s'étaient rouverts, rapidement je n'avais plus aucun souvenir de ma vie avant le coma. Mes seuls souvenirs concernaient là où je venais d'aller : le grossier, l'affreux Monde Vu du Ver de terre, l'idyllique Passage et l'impressionnant Cœur céleste. Mon esprit – mon vrai moi – était de nouveau compressé dans l'habit si étriqué et restreint de l'existence physique, avec ses contraintes spatiotemporelles, sa pensée linéaire et les limitations de sa communication verbale. Autant de choses dont je pensais encore une semaine auparavant qu'elles étaient le seul mode d'existence au monde, mais qui se révélaient maintenant comme des restrictions extraordinairement encombrantes.

La vie physique est caractérisée par la défensive, alors que la vie spirituelle est l'inverse. C'est la seule explication que j'ai trouvée au fait que ma réentrée avait un aspect si fortement paranoïaque. Pendant un certain temps, j'ai été convaincu que Holley (dont je ne me souvenais toujours pas du nom, mais que je reconnaissais à peu près comme ma femme) et mes médecins essayaient de me tuer. J'ai eu d'autres rêves et fantasmes de vol et de chute libre – dont certains très longs et complexes. Dans le plus long, le plus intense et le plus incroyablement détaillé de tous, je me trouvais dans une clinique du cancer en Floride du Sud avec des escalators extérieurs sur lesquels j'étais poursuivi par Holley, deux officiers de la police de Floride, et deux photographes asiatiques ninjas suspendus à des poulies sur des câbles.

En fait, je faisais ce qu'on appelle une « psychose de l'USI ». Un phénomène normal, et même attendu, chez les patients dont le cerveau revient « en ligne » après avoir été inactif pendant une longue période. J'en avais vu beaucoup, mais jamais de l'intérieur. Et de l'intérieur, c'était en effet très, très différent.

L'aspect le plus intéressant de cette session de cauchemars et de fantasmes paranoïaques, rétrospectivement, est qu'il ne s'agissait que de cela : un fantasme. Certaines portions – en particulier le long cauchemar des ninjas en Floride du Sud – étaient extrêmement intenses et même absolument terrifiantes sur le moment. Mais après coup – c'est-à-dire presque immédiatement après que cette période a cessé –, tout cela est devenu clairement reconnaissable pour ce que c'était : quelque chose qu'avait fabriqué mon cerveau complètement assiégé alors qu'il cherchait à retrouver ses repères. Certains des rêves que j'ai eus au cours de cette période étaient étonnamment et terriblement vivants. Mais en fin de compte, ils ont seulement servi à souligner à quel point l'état de rêve était différent par comparaison avec l'ultraréalité du coma profond.

Pour ce qui est des thèmes de fusées, d'avions et de chutes libres qui revenaient si fréquemment, ils étaient, comme je l'ai compris plus tard, plutôt pertinents d'un point de vue symbolique. Car j'opérais en effet une rentrée délicate de retour d'une destination lointaine jusqu'à la station spatiale abandonnée, mais de nouveau fonctionnelle, de mon cerveau. On peut difficilement trouver une meilleure analogie matérielle pour ce qui m'est arrivé au cours de cette semaine hors du corps que le lancement d'une fusée.

25

Pas Tout à Fait Là

Bond n'était pas le seul à avoir du mal à accepter la personne décidément excentrique que j'étais pendant ces premiers jours de retour. Le lendemain du jour où j'ai repris conscience – lundi –, Phyllis a appelé Eben IV sur son ordinateur en utilisant Skype.

« Eben, voici ton père », a-t-elle dit, orientant la webcam vers moi.

« Salut papa ! Comment ça va ? », a-t-il dit joyeusement.

Pendant une minute j'ai juste souri et regardé fixement l'écran. Quand j'ai finalement parlé, Eben était effondré. J'étais terriblement lent dans mon élocution et les mots eux-mêmes avaient peu de sens. Eben m'a dit plus tard : « Tu parlais comme un zombie – comme quelqu'un sous acide. » Malheureusement, il n'avait pas été prévenu des risques de psychose de l'USI.

Progressivement, ma paranoïa a diminué, mon raisonnement et ma conversation sont devenus plus lucides. Deux jours après mon réveil, j'ai été transféré dans l'unité de soins de suite en neurosciences. Là, les infirmières ont donné des lits de camp à Phyllis et Betsy pour qu'elles puissent dormir avec moi. Je n'avais confiance en personne d'autre qu'elles deux – grâce à elles je me sentais en sécurité, rattaché à ma nouvelle réalité.

Le seul problème est que je n'ai pas dormi. Je les ai gardées éveillées toute la nuit en parlant d'Internet, de stations spatiales, d'agents doubles russes et toutes sortes d'absurdités du même acabit. Phyllis a essayé de convaincre les infirmières que je toussais, espérant qu'un peu de sirop amènerait au moins une heure de sommeil ininterrompu. J'étais comme un nouveau-né qui ne respectait pas le programme de sommeil.

Dans mes moments les plus calmes, Phyllis et Betsy m'aidaient à revenir lentement sur terre. Elles racontaient toutes sortes d'histoires de notre enfance, et même si j'écoutais globalement comme si je les entendais pour la première fois, je n'en étais pas moins fasciné. Plus elles parlaient et plus quelque chose d'important commençait à briller en moi – la réalisation que j'avais en fait participé à ces événements moi-même.

Très vite, m'ont dit mes deux sœurs plus tard, le frère qu'elles avaient connu est devenu visible à nouveau, à travers l'épais brouillard du bavardage paranoïaque.

« C'était incroyable », m'a dit Betsy ensuite. « Tu sortais juste du coma, tu étais loin d'être pleinement conscient de l'endroit où tu te trouvais ou de ce qui se passait, tu racontais toutes sortes de trucs dingues et pourtant ton sens de l'humour était bien là. C'était bien toi. Tu étais de retour ! »

« Une des premières choses que tu as faites a été de sortir une blague à propos de manger », m'a raconté Phyllis. « Nous étions prêts à te nourrir à la petite cuillère aussi longtemps que ce serait nécessaire. Mais tu ne voulais pas. Tu étais déterminé à mettre cette gelée de fruits orange dans ta bouche par tes propres moyens. »

Alors que les moteurs temporairement immobilisés de mon cerveau repartaient de plus belle, je m'observais dire ou faire certaines choses et je m'émerveillais : d'où *cela* venait-il ? Assez vite, une amie de Lynchburg m'a rendu visite. Holley et moi avions fait la connaissance de Jackie et son mari Ron en rachetant leur maison. Malgré moi, ma bonne éducation sudiste profondément enracinée a pris le dessus. En voyant Jackie, j'ai immédiatement demandé : « Comment va Ron ? »

Après quelques jours supplémentaires, j'ai commencé à avoir par moments des conversations véritablement lucides avec mes visiteurs, et de nouveau il était fascinant de constater à quel point ces connexions étaient automatiques et demandaient peu d'efforts de ma part. Comme un jet en pilote automatique, mon cerveau négociait en quelque sorte le parcours dans ces paysages de plus en plus familiers de l'expérience humaine. J'assistais à la démonstration de première main d'une vérité que je connaissais trop bien en tant que neurochirurgien : le cerveau est un mécanisme vraiment fabuleux.

Bien sûr, la question qui restait en suspens dans l'esprit de chacun (dont le mien dans mes instants de lucidité) était : à quel point allais-je récupérer ? Est-ce que je revenais complètement ou bien *E. coli* avait-elle fait au moins une partie des dégâts que tous les médecins étaient sûrs qu'elle ferait ? Cette attente quotidienne déchirait tout le monde, surtout Holley qui craignait que mes progrès miraculeux cessent soudainement et qu'elle se retrouve avec seulement une portion du « moi » qu'elle avait connu.

Et pourtant, jour après jour, davantage de ce « moi » revenait. Le langage. La mémoire. La capacité de reconnaître. Le côté un peu farceur pour lequel j'avais toujours été connu est revenu également. Et même si elles étaient ravies de voir que mon sens de l'humour était de retour, mes deux sœurs ne s'amusaient pas toujours de la façon dont je l'utilisais. Le lundi après-midi, Phyllis a touché mon front et j'ai eu un mouvement de recul.

« Aïe », ai-je crié. « Ça fait mal ! »

Puis, après avoir apprécié l'expression horrifiée de chacun, j'ai dit : « Je plaisante. »

Tout le monde a été surpris de la rapidité de ma guérison – sauf moi. À ce stade, je n'avais aucune idée précise du point auquel j'avais vraiment approché la mort. Alors que mes amis et les membres de ma famille retournaient un par un à leurs vies, je leur souhaitais bon vent et restais merveilleusement ignorant de la tragédie qui avait été évitée de si peu.

J'étais si exubérant que l'un des neurologues qui m'évaluait pour la rééducation persistait à me trouver « trop euphorique » et estimait que je souffrais probablement de dommages cérébraux. Ce médecin, tout comme moi, était un porteur régulier de nœud papillon, et je lui ai retourné la faveur de son diagnostic en expliquant à mes sœurs, après son départ, qu'il était « étrangement creux du côté émotionnel pour un aficionado des nœuds papillons ».

Même à ce moment-là, je savais quelque chose que de plus en plus de gens autour de moi allaient finir par accepter également. Point de vue médical ou pas, je n'étais pas malade, ni atteint de séquelles cérébrales. J'allais parfaitement bien.

En fait, même si je le comprenais seulement à ce stade – j'étais complètement et vraiment « bien » pour la première fois de toute ma vie.

26

Répandre la nouvelle

« Vraiment bien » – même si j'avais encore du travail à faire côté branchements. Quelques jours après avoir quitté l'hôpital, j'ai appelé Eben IV à l'université. Il m'a dit qu'il travaillait sur un devoir de neurosciences. Je lui ai proposé de l'aide, mais je l'ai vite regretté. C'était bien plus difficile pour moi de me concentrer sur le sujet que je ne m'y attendais, et la terminologie que je pensais avoir pleinement récupérée refusait de me revenir à l'esprit. J'ai compris avec un choc combien il me restait d'efforts à accomplir.

Mais peu à peu cette partie-là est revenue elle aussi. Je me suis réveillé un matin en possession de continents entiers de connaissance scientifique et médicale que je n'avais plus la veille. Ce fut l'un des aspects les plus étranges de mon expérience : ouvrir les yeux un matin avec plus que les fondamentaux d'une vie entière d'apprentissage et d'expérience qui fonctionnaient à nouveau.

Alors que mes connaissances de neuroscientifique revenaient lentement et timidement, mes souvenirs de ce qui s'était produit pendant cette semaine hors de mon corps s'imposaient avec une netteté et une clarté extraordinaires. Ce qui s'était produit hors du monde matériel avait tout à voir avec le bonheur sauvage qui m'habitait à mon réveil et la félicité qui continuait de m'accompagner. J'étais « fou » de joie, car je revenais auprès des gens que j'aimais. Mais j'étais aussi heureux parce que – pour le dire aussi simplement que possible – je comprenais pour la première fois qui j'étais vraiment et dans quel genre de monde nous habitions.

J'étais furieusement – et naïvement – enthousiaste à l'idée de partager mes expériences, en particulier avec mes collègues médecins. Après tout, ce que j'avais vécu avait modifié mes conceptions bien établies de ce qu'est le cerveau, la conscience et même de ce que la vie elle-même veut dire – et ne veut pas dire. Qui ne serait pas avide d'entendre mes découvertes ?

Pas mal de gens, comme je l'ai constaté. Et en particulier, des personnes avec des diplômes de médecine.

Que l'on ne se méprenne pas, mes médecins étaient heureux pour moi. « C'est fantastique, Eben », disaient-ils, faisant écho aux réponses que j'avais moi-même adressées à tant de mes patients qui, dans le passé, avaient tenté de me raconter les expériences de l'autre monde qu'ils avaient vécues pendant la chirurgie. « Tu étais très malade. Ton cerveau baignait dans le pus.

Nous pouvons à peine croire que tu sois là pour en parler. Tu sais toi-même de quoi le cerveau est capable quand ça va aussi loin. »

Pour faire court, ils ne pouvaient pas admettre dans leur esprit ce que j'essayais désespérément de partager.

Cependant, comment pouvais-je les en blâ-mer ? Après tout, je ne l'aurais certainement pas compris non plus – *avant*.

27

Retour à la Maison

Je suis rentré à la maison le 25 novembre 2008, deux jours avant Thanksgiving, dans un foyer plein de reconnaissance. Eben IV avait conduit toute la nuit pour me faire la surprise au matin. La dernière fois qu'il m'avait vu, j'étais dans un coma profond, et il comprenait à peine que j'étais vivant. Il était si excité qu'il a fait un excès de vitesse en traversant Nelson County juste au nord de Lynchburg.

J'étais réveillé depuis des heures, assis dans mon fauteuil près du feu dans notre confortable bureau lambrissé, pensant à tout ce que j'avais traversé. Eben a franchi le seuil de la porte juste après six heures du matin. Je me suis levé et lui ai donné une longue étreinte. Il était stupéfait. Quand il m'avait vu la dernière fois sur Skype à l'hôpital, je pouvais à peine former une phrase. Maintenant – à part une maigreur résiduelle et une intraveineuse dans le bras –, j'avais retrouvé mon rôle favori dans la vie, être le père d'Eben et de Bond.

Enfin, presque le même. Eben avait également remarqué autre chose qui était différent chez moi. Plus tard, il m'a dit que dès qu'il m'a vu ce jour-là, il a été immédiatement frappé par l'intensité de ma « présence ».

« Tu étais si clair, si concentré », a-t-il dit. « C'était comme s'il y avait une sorte de lumière qui brillait en toi. »

J'ai partagé sans plus tarder mes pensées.

« J'ai tellement hâte de lire tout ce que je peux là-dessus », lui ai-je dit. « C'était tellement réel, Eben, presque *trop* réel pour être réel, si cela a le moindre sens. Je veux écrire là-dessus pour d'autres neuroscientifiques. Et je veux étudier les EMI et ce que les autres personnes ont vécu. Je n'arrive pas à croire que je ne l'ai jamais pris au sérieux, que je n'ai jamais écouté mes propres patients m'en parler. Je n'ai jamais été assez curieux pour ne serait-ce que jeter un œil à la littérature médicale. »

Eben n'a tout d'abord rien dit, mais il était clair qu'il cherchait comment conseiller son père au mieux. Il s'est assis en face de moi et m'a aidé à voir ce qui aurait dû être évident.

« Je te crois, papa », a-t-il dit. « Mais réfléchis un peu. Si tu veux que ça ait de l'intérêt pour d'autres, la dernière chose que tu devrais faire est de lire ce que d'autres personnes ont raconté. »

« Que devrais-je faire alors ? », ai-je demandé.

« Écris-le. Écris tout – tous tes souvenirs, aussi précisément que tu peux t'en rappeler. Mais ne lis aucun livre ni aucun article sur les EMI des autres témoins, ou à propos de physique ou de cosmologie. Pas tant que tu n'auras pas écrit ce qui t'est arrivé. Ne parle pas non plus à maman ni à qui que ce soit de ce qui s'est passé pendant que tu étais dans le coma – au moins dans la mesure où tu peux l'éviter. Tu peux faire tout ça plus tard, pas vrai ? Souviens-toi comme tu me disais que l'observation vient toujours en premier, *puis* l'interprétation. Si tu veux que ce qui t'est arrivé soit valable scientifiquement, tu dois le retranscrire aussi simplement et précisément que possible *avant* de commencer à faire quelque comparaison que ce soit avec ce que d'autres ont vécu. »

C'était peut-être le conseil le plus sage que l'on ne m'a jamais donné – et je l'ai suivi. Eben avait également raison sur le fait que mon désir profond, plus que tout le reste, était d'utiliser mon expérience pour, autant que possible, aider les autres. Plus mon esprit scientifique revenait et plus je voyais combien ce que j'avais appris pendant des décennies d'école et de pratique médicale était radicalement en conflit avec ce que j'avais vécu, plus je comprenais que l'esprit et la personnalité (comme certains l'appellent, notre âme ou esprit) continuent d'exister au-delà du corps. Je devais raconter mon histoire au monde.

Pendant les six semaines environ qui ont suivi, la plupart des journées se sont déroulées de la même façon. Je me réveillais autour de 2 heures ou 2 h 30 du matin, me sentant tellement ravi et énergisé par le simple fait d'être en vie que je sautais du lit. J'allumais un feu dans le salon, je m'asseyais dans ma vieille chaise en cuir et j'écrivais. J'essayais de me rappeler chaque petit détail de mes voyages dans et hors du Cœur, et ce que j'avais ressenti alors que j'apprenais ses nombreuses et bouleversantes leçons.

En fait, *essayer* n'est pas tout à fait le mot juste. Clairs et nets, les souvenirs étaient là, juste où je les avais laissés.

28

L'Ultra-Réel

> « *Il y a deux façons de se tromper :*
> *l'une est de croire*
> *ce qui n'est pas, l'autre de refuser*
> *de croire ce qui est.* »
> Søren KIERKEGAARD (1813-1855)

Pendant tout ce processus d'écriture, un mot semblait revenir encore et encore.

Réel.

Jamais avant mon coma je n'avais compris à quel point un mot peut être trompeur. La façon dont j'avais appris à y penser, à la fois à l'école de médecine et dans cette école du bon sens qu'on appelle la vie, était qu'une chose est réelle (un accident de voiture, un match de football, un sandwich sur la table devant vous) ou non. Au cours de mes années de neurochirurgien, j'avais vu de nombreuses personnes victimes d'hallucinations. Je croyais savoir à quel point ce pouvait être des phénomènes irréels terrifiants pour ceux qui les vivaient. Et pendant mes quelques jours de psychose à l'USI, j'avais également eu la possibilité de goûter certains cauchemars extrêmement réalistes. J'ai rapidement reconnu ces cauchemars pour les illusions qu'ils étaient : une fantasmagorie provoquée par une circuiterie cérébrale luttant pour fonctionner de nouveau.

Mais pendant que j'étais dans le coma, mon cerveau ne fonctionnait pas incorrectement. *Il ne fonctionnait pas du tout.* La partie du cerveau dont mes années de formation médicale m'avaient appris qu'elle était responsable de la création du monde dans lequel je vivais et me déplaçais, et qu'elle traitait les données brutes arrivant par voie sensorielle pour les transformer en un univers sensé : cette partie de mon cerveau était hors service, pour de bon.

Et pourtant, en dépit de tout cela, j'avais été vivant et conscient, *vraiment conscient*, dans un univers caractérisé avant tout par l'amour, la conscience et la réalité. (Ce mot revenait de nouveau.) Pour moi il n'y avait simplement pas de discussion possible. Je le savais tellement que ça me faisait mal.

Ce que j'avais éprouvé était plus réel que la maison dans laquelle je me trouvais, plus réel que les bûches qui brûlaient dans la cheminée. Et cependant, il n'y avait pas de place pour cette réalité dans la vision du monde scientifique formatée par la médecine que j'avais mis des années à acquérir.

Comment allais-je faire de la place pour que ces deux réalités coexistent ?

29

Une Expérience Fréquente

Le jour est finalement arrivé où j'avais écrit tout ce que je pouvais, jusqu'au dernier souvenir du Monde Vu du Ver de terre, du Passage et du Cœur.

Il était temps de lire. J'ai plongé dans l'océan de la littérature sur les EMI – un océan dans lequel je n'avais jamais ne serait-ce que trempé un orteil avant cela. Cela ne m'a pas pris longtemps pour comprendre que des quantités de personnes avaient vécu les mêmes choses que moi, aussi bien récemment qu'au cours des siècles passés. Les EMI ne sont pas toutes semblables, chacune est unique – mais les mêmes éléments réapparaissent encore et encore, dont beaucoup que je reconnaissais de ma propre expérience. Les récits de passage à travers un tunnel sombre ou une vallée vers un paysage lumineux et éclatant – ultraréel – étaient aussi anciens que la Grèce et l'Égypte antiques. Les êtres angéliques – parfois ailés, parfois non – remontaient, au minimum, au Proche-Orient antique – tout comme la croyance selon laquelle de tels êtres étaient les gardiens qui surveillaient les activités des personnes sur terre et les accueillaient quand elles la quittaient. La faculté d'être capable de voir dans toutes les directions simultanément ; la sensation d'être au-dessus du temps linéaire – d'être finalement au-dessus de *tout* ce que je considérais auparavant comme définissant le spectre de la vie humaine ; l'audition de musique sacrée, qui pénétrait l'être entier plutôt que seulement l'oreille ; la réception directe et immédiate de concepts qui auraient normalement nécessité une longue période d'étude approfondie pour être saisis, sans aucun effort... sentir l'intensité de l'amour inconditionnel.

Encore et encore, dans les récits contemporains d'EMI comme dans les écrits spirituels plus anciens, je sentais le narrateur lutter avec les limitations du langage terrestre, essayant de hisser la totalité du poisson qu'il avait hameçonné à bord du bateau du langage et des idées humaines... et toujours, à un degré ou un autre, n'y parvenant pas. Et pourtant, avec chaque tentative qui échouait désespérément à atteindre son but, chaque personne luttant avec le langage et les idées pour faire passer cette énormité au lecteur, je comprenais l'objectif de l'auteur et ce qu'il avait souhaité transmettre dans toute son infinie majesté, tout simplement sans le pouvoir.

« *Oui, oui, oui !* », me disais-je en lisant. « *Je comprends.* »

Ces livres, tout ce matériel était déjà là bien sûr avant mon expérience. Mais je ne l'avais jamais regardé. Non seulement en termes de lecture, mais aussi d'une autre façon. En fait, je ne m'étais jamais ouvert à l'idée qu'il puisse y avoir un fond de vérité dans l'idée que quelque chose de nous survit après la mort du corps. J'étais le médecin typique, bienveillant quoique sceptique. Et à ce titre, je peux vous dire que la plupart des sceptiques ne sont pas sceptiques du tout. Pour être vraiment sceptique, il faut réellement examiner quelque chose, le prendre au sérieux. Et comme beaucoup de médecins, je n'avais jamais pris le temps d'explorer les EMI. Je « savais » simplement qu'elles étaient impossibles.

J'ai aussi étudié les dossiers médicaux de ma période de coma – une période qui a été méticuleusement enregistrée, pratiquement dès le tout début. En consultant mes scans comme je l'aurais fait pour l'un de mes propres patients, il est enfin devenu clair à mes yeux combien j'avais été incroyablement malade.

La méningite bactérienne est unique au sein des maladies par la façon dont elle attaque la surface externe du cerveau tout en laissant intactes ses structures les plus profondes. Les bactéries détruisent efficacement la partie humaine de notre cerveau d'abord, et se révèlent finalement fatales en attaquant les structures « de maintenance » plus profondes, communes aux autres animaux, loin sous la partie humaine. Les autres affections qui peuvent endommager le néocortex et provoquer l'inconscience – traumatisme crânien, hémorragie ou tumeur cérébrale – ne sont pas aussi efficaces pour abîmer complètement toute la surface du néocortex. Elles tendent à toucher seulement une partie du néocortex, laissant les autres parties intactes et capables de fonctionner. Non seulement cela, mais au lieu d'éliminer le néocortex seul, elles tendent à endommager également les parties plus profondes et plus primitives du cerveau. En mettant tout cela bout à bout, la méningite bactérienne est sans doute la meilleure maladie que l'on puisse trouver si on cherche à imiter la mort humaine sans la provoquer complètement. (Même si, bien sûr, c'est ce qui se produit d'habitude. La triste vérité est que pratiquement toutes les personnes qui sont aussi malades que je l'étais d'une méningite bactérienne ne reviennent jamais pour raconter leur histoire.) (Voir appendice A.)

Bien que l'expérience existe depuis toujours, « l'expérience de mort imminente » (qu'elle soit vue comme quelque chose de réel ou un fantasme sans fondement) n'est devenue une formule en usage qu'assez récemment. Dans les années 1960, de nouvelles techniques ont été développées qui permettaient aux médecins de réanimer des patients ayant fait un arrêt cardiaque. Des patients qui autrefois seraient morts étaient maintenant ramenés dans le territoire des vivants. Sans même le savoir, ces médecins étaient, par leurs efforts de secours, en train de produire une lignée de voyageurs d'outre-terre : des personnes qui avaient entraperçu derrière le voile et étaient revenues pour le raconter. Aujourd'hui, leur nombre atteint plusieurs millions. À cette époque, en 1975, un étudiant en médecine appelé Raymond Moody a publié un livre intitulé *La Vie après la Vie*, dans lequel il raconte l'expérience d'un homme qui s'appelait George Ritchie. Ritchie était « mort » d'un arrêt cardiaque dû aux complications d'une pneumonie et était sorti de son corps pendant neuf minutes. Il avait voyagé dans un tunnel, visité des régions paradisiaques et infernales, rencontré un être de lumière qu'il avait identifié comme étant Jésus, et éprouvé des sentiments de paix et de bien-être si intenses qu'il avait des difficultés à mettre tout cela en mot. L'ère moderne des expériences de mort imminente était née.

Je ne pouvais pas dire que j'ignorais tout du livre de Moody, mais je ne l'avais certainement jamais lu. Je n'en avais pas besoin puisque je savais, tout d'abord, que l'idée voulant que l'arrêt cardiaque représente une prétendue condition de proximité avec la mort était une ineptie. Une grande partie de la littérature sur les EMI concerne des personnes dont le cœur s'est arrêté pendant quelques minutes – le plus souvent après un accident ou sur la table d'opération. L'idée que l'arrêt cardiaque constitue la mort est dépassée depuis au moins cinquante ans.

Beaucoup de gens dans la population générale continuent de croire que si quelqu'un est sauvé d'un arrêt cardiaque, alors il est mort et revenu à la vie, mais la communauté médicale a révisé ses définitions de la mort pour les centrer sur le cerveau et non plus sur le cœur (depuis que le critère de mort cérébrale, qui s'appuie sur des observations essentielles de l'examen neurologique du patient, a été établi en 1968). L'arrêt cardiaque est uniquement relié à la mort *via* ses effets sur le cerveau. Dès les premières secondes de l'arrêt cardiaque, la cessation du flux sanguin au cerveau entraîne une perturbation généralisée de l'activité neuronale coopérative et une perte de conscience.

Depuis un demi-siècle, les chirurgiens arrêtent de façon routinière des cœurs pendant des minutes ou des heures lors de chirurgies cardiaques et parfois lors de neurochirurgies, en utilisant des pompes à circulation extracorporelle et en refroidissant parfois le cerveau pour améliorer sa viabilité dans de telles conditions de stress. Aucune mort cérébrale n'intervient. Même une personne dont le cœur s'arrête dans la rue peut ne pas subir de dommages cérébraux, pourvu que quelqu'un commence une réanimation cardiopulmonaire dans les quatre minutes, et que le cœur puisse effectivement repartir. Tant que du sang oxygéné parvient au cerveau, celui-ci – et donc la personne – restera en vie, quoique temporairement inconscient. Cette connaissance était tout ce dont j'avais besoin pour écarter le livre de Moody sans même avoir besoin de l'ouvrir. Mais maintenant je l'avais ouvert, et lire les histoires que rapportait Moody en référence à ce que j'avais moi-même traversé m'amenait à un changement complet de perspective. Je n'avais aucun doute sur le fait que certaines personnes dans ces récits avaient bien quitté leur corps. Les ressemblances avec ce que j'avais moi-même connu au-delà du corps étaient simplement phénoménales.

Les parties les plus primitives de mon cerveau – celles dédiées à la maintenance – fonctionnaient pendant la totalité ou la majorité de ma période de coma. Mais en ce qui concerne la partie de mon cerveau dont tout neuroscientifique vous dira qu'elle est responsable de mon côté humain : eh bien, cette partie n'était plus là. Je pouvais le voir sur les scans, les résultats d'analyses, mes examens neurologiques – dans toutes les données si précisément enregistrées lors de ma semaine d'hôpital. J'ai commencé à comprendre assez vite que mon expérience était une expérience de mort imminente techniquement presque parfaite, peut-être l'un des cas les plus convaincants de l'histoire moderne. Ce qui était important avec mon cas n'était pas qu'il m'était arrivé à moi personnellement, mais à l'impossibilité absolument intégrale de prétendre, d'un point de vue médical, que tout cela n'était qu'un fantasme.

Décrire ce qu'est une EMI est un défi, au mieux, mais faire face à une profession médicale qui refuse absolument de croire que c'est possible rend cette tâche encore plus difficile. Au vu de ma carrière en neurosciences et de ma propre EMI, j'avais maintenant une occasion unique de rendre tout cela plus acceptable.

30

Retour d'entre les Morts

« *Et l'approche de la mort, qui rend égal
tout un chacun et le marque au sceau
d'une ultime révélation, nul n'en pourrait
rien dire sinon un auteur revenu
d'entre les morts.* »
Herman MELVILLE (1819-1891)

Partout où j'allais au cours de ces premières
semaines, les gens me regardaient comme si j'étais
sorti de la tombe. Je suis tombé sur un médecin
qui était présent à l'hôpital le jour où je suis
arrivé. Il ne s'était pas directement occupé de moi,
mais il avait bien vu dans quel état j'étais quand
on m'avait amené aux urgences ce matin-là.

« Comment peux-tu encore être ici ? », m'a-t-il
demandé, résumant la question basique que se
posait la communauté médicale à mon sujet.
« Ne serais-tu pas le frère jumeau d'Eben ? »

J'ai souri, tendu la main et serré fermement la
sienne pour lui montrer que c'était vraiment moi.

Même si, bien entendu, il blaguait à propos
d'un éventuel frère jumeau, ce médecin soulevait

en réalité un point important. En tout état de cause, j'étais toujours deux personnes, et si je devais faire ce que j'avais dit à Eben IV que je voulais faire – utiliser mon expérience pour aider les autres –, il me faudrait réconcilier mon EMI avec ma compréhension scientifique et réunir ces deux personnes.

Je me suis souvenu d'un appel téléphonique que j'avais reçu un matin plusieurs années auparavant, de la mère d'un patient qui m'appelait alors que j'étudiais la carte d'identité numérique d'une tumeur que je devais extraire plus tard ce jour-là. J'appellerai cette femme Susanna. Le défunt mari de Susanna, que j'appellerai George, avait été l'un de mes patients atteints d'une tumeur cérébrale. Malgré tous nos efforts, il était mort un an et demi après le diagnostic. Maintenant, la fille de Susanna était malade avec plusieurs métastases cérébrales provenant de son cancer du sein. Ses chances de survie au-delà de quelques mois étaient faibles. Ce n'était pas le bon moment pour moi de répondre à cet appel – mon esprit était complètement absorbé par l'image numérique devant moi, et par la cartographie exacte de ce qu'allait être ma stratégie pour entrer et retirer la tumeur sans endommager les tissus cérébraux autour. Mais je suis resté en ligne avec Susanna parce que je savais qu'elle essayait de penser à quelque chose – n'importe quoi – pour lui permettre de faire face.

J'avais toujours pensé que lorsqu'on est écrasé par le fardeau d'une maladie potentiellement mortelle, il n'y a pas de mal à adoucir la réalité. Empêcher un patient en stade terminal d'essayer de s'accrocher à un fantasme pour l'aider à gérer la possibilité de la mort serait comme lui enlever ses médicaments antidouleur. C'était un poids extraordinairement lourd à porter, et je devais à Susanna chaque seconde d'attention qu'elle me demandait.

« Dr A », a dit Susanna, « ma fille a fait un rêve incroyable. Son père est venu la voir. Il lui a dit que tout allait bien se passer, qu'elle ne devait pas s'inquiéter de mourir. »

C'était le genre de choses que j'avais entendu de très nombreuses fois de la part de mes patients – l'esprit faisant ce qu'il peut pour s'apaiser dans une situation insupportablement douloureuse. Je lui ai dit que ça semblait être un merveilleux rêve.

« Mais le plus incroyable, Dr A, est ce qu'il portait. Une chemise jaune – et un chapeau Borsalino ! »

« Eh bien, Susanna », ai-je dit avec bonhomie, « je suppose qu'il n'y a pas de codes vestimentaires au paradis. »

« Non, » a dit Susanna. « Ce n'est pas cela. Au début de notre relation, lors de nos premiers rendez-vous, j'ai offert à George une chemise jaune. Il aimait la porter avec un borsalino que je lui avais également donné. Mais la chemise et le chapeau avait été perdus avec nos bagages au cours de notre lune de miel. Il savait combien je l'aimais avec cette chemise et ce chapeau, mais nous ne les avons jamais remplacés. » « Je suis sûr que Christina a entendu des tas d'histoires formidables sur cette chemise et ce chapeau, Susanna », ai-je dit. « Et sur les débuts de votre relation… »

« Non », a-t-elle ri. « C'est ça qui est si merveilleux. C'était notre petit secret. Nous savions à quel point cela semblerait ridicule aux autres. Nous n'avons jamais parlé de cette chemise et de ce borsalino après qu'on les a perdus. Christina n'a jamais entendu un seul mot de notre part à leur propos. Christina avait tellement peur de mourir, et maintenant elle sait qu'elle n'a rien à craindre, rien du tout. »

Ce que Susanna me racontait, comme je l'ai découvert dans mes lectures, était un type de rêve de confirmation qui se produit assez souvent. Mais je n'avais pas vécu mon EMI quand j'ai reçu cet appel téléphonique, et à ce moment-là je savais parfaitement bien que Susanna me racontait un fantasme induit par le chagrin. Au cours de ma carrière, j'avais traité de nombreux patients qui avaient vécu des expériences inhabituelles pendant qu'elles se trouvaient dans le coma ou lors d'une chirurgie. À chaque fois qu'une de ces personnes me racontait une expérience inhabituelle comme celle de Susanna, j'étais toujours pleinement compatissant. Et j'étais tout à fait sûr que ces expériences s'étaient bien produites – dans leur esprit. Le cerveau est l'organe le plus sophistiqué

– et le plus capricieux – que nous possédions. Bricolez-le un petit peu, abaissez le niveau d'oxygène qu'il reçoit de quelques torr (une unité de pression), et le propriétaire de ce cerveau va connaître une modification de sa réalité. Ou, plus précisément, de son expérience personnelle de la réalité. Ajoutez le traumatisme physique et tous les médicaments qu'une personne malade du cerveau a des chances de recevoir, et vous avez la garantie presque totale que si un patient rapporte des souvenirs lorsqu'il revient, ces souvenirs vont être plutôt inhabituels. Avec un cerveau atteint d'une infection bactérienne mortelle et des médicaments qui altèrent la conscience, *tout* peut arriver. C'est-à-dire tout – *sauf* l'expérience d'ultraréalité que j'ai vécue dans le coma.

Susanna, comme je l'ai compris avec l'espèce de fulgurance qui accompagne la prise de conscience de quelque chose d'évident, n'appelait pas pour être réconfortée par moi ce jour-là. Elle essayait réellement et sincèrement de me réconforter, moi. Mais je n'avais pas été capable de le voir. J'avais pensé faire une faveur à Susanna en prétendant croire à son histoire, distraitement et sans conviction. Mais ce n'était pas le cas. Et en repensant à cette conversation et à des dizaines d'autres du même genre, j'ai compris combien la route devant moi était longue si je voulais convaincre mes collègues médecins que j'avais traversé quelque chose de réel.

31

Trois Camps

*« Je maintiens que le mystère de l'homme
est incroyablement diminué à tort, par le
réductionnisme scientifique et sa prétention
matérialiste à rendre compte du monde de
l'esprit en termes de simple activité neuronale. Une telle croyance ne peut être consi-
dérée que comme une superstition [...] nous
devons reconnaître que nous sommes des
êtres spirituels avec une âme qui existe dans
un monde spirituel, aussi bien que des êtres
matériels avec des corps et des cerveaux qui
existent dans un monde matériel. »*
Sir John C. Eccles (1903-1997)

En matière d'EMI, il y avait trois camps prin-
cipaux. Il y avait les croyants : des personnes
qui avaient vécu une EMI elles-mêmes ou simplement qui trouvaient ces expériences faciles
à accepter. Et il y avait bien sûr les fidèles
incroyants (comme l'ancien moi). Ces personnes
ne se considéraient cependant pas elles-mêmes
comme des incroyants. Elles « savaient » simplement que le cerveau génère la conscience et ne

toléraient pas les idées folles d'un esprit étendu au-delà du corps (sauf si elles réconfortaient quelqu'un avec bienveillance comme je pensais l'avoir fait ce jour-là avec Susanna).

Et puis il y avait le groupe intermédiaire. On y trouvait toute sorte de gens qui avaient connaissance des EMI, soit par des lectures, soit – étant donné qu'elles sont extraordinairement communes – parce qu'ils ou elles avaient un ami ou un proche qui avait vécu l'expérience. Les personnes dans ce groupe intermédiaire étaient celles que mon histoire pouvait vraiment aider. Les informations qu'apportent les EMI ont un pouvoir de transformation de la vie. Mais quand une personne potentiellement prête à recevoir des informations sur les EMI demande à un médecin ou un scientifique – qui sont dans notre société les gardiens officiels de la question de savoir ce qui est réel ou pas –, elle s'entend répondre trop souvent, gentiment mais ferme- ment, que les EMI sont des fantasmes : les pro- ductions d'un cerveau qui lutte pour s'accrocher à la vie et rien de plus.

En tant que médecin qui avait traversé cette expérience, je pouvais raconter une histoire dif- férente. Et plus j'y pensais, plus je sentais que j'avais même le devoir de le faire.

Une par une, j'ai étudié les propositions que je savais que mes collègues, et moi-même autre- fois, aurions faites pour expliquer ce qui m'était arrivé. (Pour plus de détails, voir mon résumé des hypothèses neuroscientifiques en Appendice B.)

Mon expérience était-elle un programme primitif du tronc cérébral qui a évolué pour adoucir la douleur et la souffrance terminales – peut-être un vestige des stratégies de « mort simulée » utilisées par les mammifères inférieurs ? J'ai écarté celle-ci d'emblée. Il était tout simplement impossible que mes expériences, avec leurs niveaux visuels et auditifs intensément sophistiqués, avec leur haut degré de signification perçue, soient le produit de la portion reptilienne de mon cerveau.

Était-ce une réminiscence déformée de souvenirs en provenance des zones les plus profondes de mon système limbique, la partie du cerveau qui alimente la perception émotionnelle ? Là encore, non – sans un cortex fonctionnel, le système limbique ne pouvait pas engendrer des visions avec la clarté et la logique dont j'ai fait l'expérience.

Mon expérience pouvait-elle avoir été une sorte de vision psychédélique provoquée par l'un des (nombreux) médicaments qu'on m'avait administrés ? De nouveau, tous ces médicaments agissent *via* des récepteurs dans le néocortex. Et sans un néocortex en fonctionnement, ces médicaments n'avaient pas de substrat sur lequel opérer.

Et l'intrusion de sommeil paradoxal ? C'est le nom d'un syndrome (on parle aussi de paralysie du sommeil – le sommeil paradoxal est la phase liée aux « mouvements oculaires rapides » dans laquelle se produisent les rêves) dans lequel les neurotransmetteurs naturels comme la sérotonine interagissent avec les récepteurs du néocortex. Désolé, mais les intrusions de sommeil paradoxal nécessitent un néocortex fonctionnel pour se produire et je n'en avais pas.

Et puis il y avait ce phénomène hypothétique connu comme la libération brutale de DMT. Dans de telles situations, la glande pinéale, qui réagit au stress d'une menace perçue contre le cerveau, produit une substance appelée DMT (ou N,N-diméthyltryptamine). La DMT est structurellement similaire à la sérotonine et peut provoquer un état psychédélique intense. Je n'avais jamais eu d'expérience avec la DMT – et c'est toujours le cas – et je n'ai rien contre ceux qui prétendent qu'elle peut engendrer une expérience psychédélique très puissante ; éventuellement avec d'authentiques implications pour notre compréhension de ce que sont vraiment la conscience et la réalité.

Cependant, il reste un fait que la portion du cerveau sur laquelle agit la DMT (le néocortex) était, dans mon cas, incapable d'être touchée. Ainsi, en termes « d'explications » de ce qui m'est arrivé, l'hypothèse de la décharge de DMT échouait tout aussi radicalement que les autres principales candidates, et pour les mêmes raisons essentielles. Les hallucinogènes affectent

le néocortex et mon néocortex n'était pas en
état d'être affecté.

La dernière hypothèse que j'ai étudiée était
le « phénomène de reboot » (redémarrage). Il
expliquerait mon expérience par une assemblée
de souvenirs et de pensées essentiellement dis-
joints venant de la période précédant l'extinction de mon cortex. Comme un ordinateur qui
redémarre et sauvegarde ce qu'il peut après une
panne de système d'exploitation, mon cerveau
aurait rassemblé ces morceaux aussi bien qu'il
le pouvait pour créer mon expérience. Ceci se
produirait lors de la reprise de conscience du
cortex après une extinction générale prolongée,
comme dans ma méningite diffuse. Mais cela
semble très peu probable compte tenu de la
complexité et de l'interactivité de mes souvenirs
détaillés. Ayant éprouvé de façon si intense la
nature non linéaire du temps dans le monde
spirituel, je peux maintenant comprendre pourquoi tant d'écrits sur la dimension spirituelle
peuvent sembler déformés ou simplement insen-
sés depuis notre perspective matérielle. Dans
les plans supérieurs au nôtre, le temps ne se
comporte tout simplement pas comme ici. Ce
n'est pas nécessairement une chose après une
autre dans ces mondes-là. Un instant peut
sembler comme une vie entière, et une ou plusieurs vies peuvent sembler comme un instant.
Mais bien que le temps ne se comporte pas
de façon ordinaire (selon nos termes) dans les

mondes au-delà, cela ne veut pas dire que tout est désordonné, et mes propres souvenirs de ma période de coma ne l'étaient certainement pas. Mes attaches à ce monde les plus fortes au cours de mon expérience, temporairement parlant, ont été mes interactions avec Susan Reintjes lorsqu'elle m'a contacté la quatrième et la cinquième nuit, puis l'apparition, vers la fin de mon voyage, de ces six visages. Toute autre simultanéité temporelle apparente entre des événements sur terre et mon voyage au-delà serait, pourrait-on dire, pure coïncidence !

Plus j'en apprenais sur mon état, plus je cherchais à expliquer ce qui s'était produit en recourant à la littérature scientifique contemporaine, et plus j'échouais lamentablement. Tout – l'étrange précision de ma vision, la clarté de mes pensées en tant que pur flot conceptuel – suggérait un fonctionnement cérébral supérieur et non le contraire. Mais mon cerveau supérieur n'avait pas pu faire ce travail.

Plus je lisais les explications « scientifiques » de ce que sont les EMI et plus j'étais choqué par leurs évidentes faiblesses. Et cependant, je savais aussi avec dépit que c'était exactement celles que l'ancien « moi » aurait mentionnées si quelqu'un m'avait demandé « d'expliquer » ce qu'est une EMI.

Mais on ne pouvait pas attendre des gens qui ne sont pas médecins de le savoir. Si ce que j'avais vécu était arrivé à quelqu'un – n'importe qui – d'autre, cela aurait déjà été remarquable. Mais cela m'était arrivé à moi... En fait, dire que c'était arrivé « pour une raison » me mettait un peu mal à l'aise. Il y avait suffisamment de l'ancien docteur en moi pour savoir à quel point cela semblait excentrique – et même grandiose. Mais quand j'additionnais la pure improbabilité de chaque détail – et en particulier quand je constatais à quel point une maladie comme une méningite à *E. coli* était absolument parfaite pour désactiver mon cortex, puis la guérison rapide et complète d'une destruction quasi certaine –, je devais vraiment prendre au sérieux la possibilité que c'était réellement et véritablement arrivé pour une raison.

Cela ne faisait que renforcer le sens de ma responsabilité de raconter mon histoire avec justesse.

J'avais toujours mis un point d'honneur à suivre les dernières nouveautés de la littérature médicale dans mon domaine, et également de contribuer lorsque j'avais quelque chose de significatif à apporter. Le fait d'avoir été propulsé hors de ce monde et dans un autre était en soi une information – une authentique information médicale –, et maintenant que j'étais revenu, je n'allais pas la galvauder. Médicalement parlant, ma guérison totale était une franche impossibilité, un miracle médical. Mais la véritable histoire résidait dans mon voyage, et j'avais un devoir non seulement en tant que scientifique profondément respectueux des méthodes de la science, mais aussi en tant que soignant, de raconter cette histoire. Une histoire – une histoire vraie – peut guérir autant que le peut la médecine. Susanna savait cela lorsqu'elle m'avait appelé ce jour-là dans mon bureau. Et je l'avais éprouvé tout autant sur le plan personnel lorsque j'avais eu des nouvelles de ma famille biologique. Ce qui m'était arrivé était une information de guérison, aussi. Quel genre de soignant serais-je si je ne le partageais pas ?

Un peu plus de deux ans après être revenu de mon coma, j'ai rendu visite à un ami proche et collègue qui préside l'un des départements universitaires de neurosciences les plus importants au monde. Je connais John (un nom d'emprunt) depuis des décennies et le considère comme un être humain fantastique et un scientifique de premier plan.

J'ai raconté à John une partie de l'histoire de mon voyage spirituel quand j'étais dans un coma profond, et il a eu l'air tout à fait stupéfait. Non pas stupéfait par la folie qui m'avait envahi, mais parce qu'il comprenait enfin quelque chose qui l'avait longtemps mystifié.

Il se trouve qu'environ un an plus tôt, le père de John parvenait au terme d'une maladie dont il souffrait depuis cinq ans. Il était invalide, atteint de démence, il souffrait et voulait mourir.

« S'il te plaît », avait-il demandé à John sur son lit de mort. « Donne-moi des pilules ou quelque chose. Je ne peux pas continuer comme ça. »

Puis soudain, son père est devenu plus cohérent qu'il ne l'avait été depuis deux ans, se mettant à faire des observations profondes sur sa vie et leur famille. Son regard a ensuite changé de direction et il a commencé à parler avec le vide au pied de son lit. En écoutant, John a alors compris que son père parlait à sa défunte mère, qui était décédée soixante-cinq ans auparavant alors que le père de John n'était qu'un adolescent. Il avait rarement parlé d'elle au cours de la vie de John, mais il avait maintenant avec elle une discussion joyeuse et animée. John ne pouvait pas la voir, mais il était absolument convaincu que son esprit était présent, accueillant l'esprit de son père.

Après quelques minutes, le père de John s'est de nouveau tourné vers lui, avec un regard complètement différent. Il souriait et il était manifestement en paix, bien plus que John se souvenait de l'avoir vu avant cela.

« Endors-toi, papa », a dit John sans réfléchir. « Laisse aller. Tout va bien. »

Son père a fait exactement cela. Il a fermé les yeux et s'est assoupi avec un visage parfaitement apaisé. Peu de temps après, il est parti.

John a senti que la rencontre entre son père et sa grand-mère décédée était très réelle, mais il n'avait su qu'en faire car, en tant que médecin, il savait que de telles choses étaient impossibles. Beaucoup d'autres ont observé la stupéfiante clarté d'esprit que retrouvent parfois les personnes âgées atteintes de démence juste avant de s'éteindre, tout comme John l'avait observée chez son père (un phénomène appelé « lucidité terminale »). Il n'existait aucune explication neuroscientifique à *cela*. Entendre mon histoire semblait lui donner une autorisation qu'il avait longtemps attendue : l'autorisation de croire ce qu'il avait vu de ses propres yeux – de *connaître* cette vérité profonde et réconfortante : notre soi spirituel éternel est plus réel que tout ce que nous percevons dans ce monde physique, et possède une connexion divine avec l'amour infini du Créateur.

32

Une Visite à l'Église

« Il n'y a que deux façons de vivre sa vie.
L'une en faisant comme si rien n'était
un miracle, l'autre en faisant
comme si tout était un miracle. »
Albert EINSTEIN (1879-1955)

Je ne suis pas retourné à l'église avant décembre 2008, quand Holley a réussi à m'entraîner à la messe pour le deuxième dimanche de l'avent. J'étais encore faible, mal équilibré et toujours maigre. Holley et moi nous sommes assis au premier rang. Michael Sullivan officiait ce jour-là ; il est venu et m'a demandé si je me sentais capable d'allumer la deuxième bougie sur la couronne de l'avent. Je ne le souhaitais pas, mais quelque chose m'a dit de le faire tout de même. Je me suis levé, j'ai posé ma main sur le poteau de cuivre et j'ai marché à grands pas vers l'avant de l'église avec une facilité inattendue.

La mémoire de ma période hors du corps était toujours pure et intacte, et partout où je regardais dans cet endroit qui échouait autrefois à m'émouvoir, je voyais des œuvres d'art et j'entendais de la musique qui me ramenaient à tout cela. La note basse pulsante d'un cantique faisait écho à la brutale détresse du Monde Vu du Ver de terre. Les vitraux parsemés de nuages et d'anges rappelaient à mon esprit la beauté céleste du Passage. Une peinture de Jésus rompant le pain avec ses disciples m'évoquait la communion du Cœur. Je tremblais en me remémorant la félicité de l'amour inconditionnel infini que j'avais connu là-haut.

Enfin, je comprenais de quoi parlait la religion. Ou en tout cas de quoi elle était supposée parler. Je ne croyais pas simplement en Dieu ; je connaissais Dieu. Alors que je boitillais jusqu'à l'autel pour aller communier, des larmes se mirent à couler le long de mes joues.

33

L'Énigme de la Conscience

> « *Pour examiner la vérité, il est besoin,*
> *une fois en sa vie, de mettre toutes choses*
> *en doute autant qu'il se peut.* »
> René DESCARTES (1596-1650)

Cela a pris environ deux mois pour que la batterie complète de mes connaissances neuro-chirurgicales revienne. Laissant de côté pour le moment le fait essentiellement miraculeux que ce *soit* revenu (il n'y a toujours aucun précédent à mon cas, dans lequel un cerveau soumis à une attaque longue et d'une telle gravité par une bactérie Gram négative comme *E. coli* retrouve presque ses pleines capacités), une fois que ça a été le cas, j'ai continué à lutter avec le fait que tout ce que j'avais appris en quatre décennies d'études et de travail sur le cerveau humain, sur l'univers et sur ce qui constitue la réalité, était en conflit avec ce que j'avais connu pendant ces sept jours de coma. Quand je suis tombé dans le coma, j'étais un médecin matérialiste qui avait effectué toute sa carrière dans certaines des plus prestigieuses institutions de recherche au monde, et essayé de comprendre les connexions entre le cerveau humain et la conscience. Non pas que je ne croyais pas à la conscience. J'étais tout simplement mieux informé que la plupart des gens de la colossale improbabilité mécanique qu'elle puisse exister indépendamment – de quoi que ce soit !

Dans les années 1920, le physicien Werner Heisenberg (et d'autres fondateurs de la mécanique quantique) a fait une découverte si étrange que le monde ne l'a pas encore complètement intégrée. Lorsqu'on observe un phénomène quantique, il est impossible de séparer entièrement l'observateur (c'est-à-dire le scientifique qui fait l'expérience) de ce qui est observé. Dans notre expérience quotidienne, il est facile de ne pas remarquer ce fait. Nous voyons l'univers comme un endroit rempli d'objets séparés (des tables et des chaises, des personnes et des planètes) qui interagissent occasionnellement entre eux, mais qui demeurent toutefois essentiellement séparés. Au niveau subatomique, cependant, cet univers d'objets isolés se révèle une totale illusion. Dans le domaine du super-super-petit, chaque objet de l'univers physique est connecté à tous les autres objets. En fait, il n'existe pas véritablement « d'objets » du tout dans le monde, mais seulement des vibrations de l'énergie et des relations.

Ce que cela voulait dire aurait dû sembler évident, mais ça ne l'a pas été pour beaucoup. Il était impossible de rechercher la réalité ultime de l'univers sans utiliser la conscience. Loin d'être un produit dérivé sans importance des processus physiques (comme je le pensais avant mon expérience), la conscience est non seulement très réelle – elle est en fait *plus réelle* que le reste de l'existence physique, et elle est très certainement la base même de celle-ci. Mais à ce jour, aucune de ces intuitions n'a été incorporée à l'imagerie scientifique de la réalité. De nombreux scientifiques tentent de le faire, mais il n'existe pas encore de « théorie du Tout » qui puisse combiner les lois de la mécanique quantique avec celles de la théorie de la relativité en cherchant à y inclure la conscience.

Tous les objets de l'univers physique sont constitués d'atomes. Les atomes, à leur tour, sont constitués de protons, d'électrons et de neutrons. Qui, pour leur part (comme les physiciens l'ont également découvert dans les premières années du XXe siècle), sont tous des particules. Et les particules sont constituées de... Eh bien, tout à fait franchement, les physiciens ne le savent pas vraiment. Mais une chose que nous savons à propos des particules est que chacune est connectée à toutes les autres dans l'univers. Elles sont toutes, au plus profond niveau, interconnectées.

Avant mon expérience au-delà de ce monde, j'avais une connaissance globale de toutes ces idées scientifiques modernes, mais elles étaient lointaines et vagues. Dans le monde dans lequel je vivais et me déplaçais – le monde des voitures et des tables d'opération et des patients qui allaient bien ou pas selon, pour une part, que je parvenais à les opérer avec succès –, ces phénomènes de physique subatomique étaient fuyants et distants. Ils étaient peut-être vrais, mais ne concernaient pas ma réalité quotidienne.

Mais quand j'ai laissé mon corps derrière moi, j'ai éprouvé ces faits directement. En fait, je pense pouvoir dire que, même si je ne connaissais plus le mot à ce moment-là, je « faisais de la science » lorsque j'étais dans le Passage et dans le Cœur. De la science qui reposait sur l'outil le plus vrai et le plus sophistiqué que nous possédions pour la recherche scientifique : la conscience elle-même.

Plus je creusais et plus je devenais convaincu que ma découverte n'était pas seulement intéressante ou spectaculaire. Elle était *scientifique*. Selon la personne à qui vous parlez, la conscience est soit le plus grand mystère qui se pose à l'investigation scientifique, soit un non-problème intégral. Le plus étonnant est le nombre de scientifiques qui adoptent ce second point de vue. Pour beaucoup – peut-être la plupart – des scientifiques, la conscience n'est pas quelque chose dont on doit se préoccuper, car il s'agit simplement d'un sous-produit de processus physiques. Beaucoup de scientifiques vont plus loin, expliquant que non seulement la conscience est un phénomène secondaire, mais qu'en plus elle n'est même pas *réelle*.

Cependant, plusieurs figures des neurosciences de la conscience et de la philosophie de l'esprit ne seraient pas d'accord. Au cours de ces dernières décennies, ils en sont venus à reconnaître le « problème difficile de la conscience ». Même si l'idée était dans l'air depuis longtemps, c'est David Chalmers qui l'a définie dans son brillant livre de 1996, *L'Esprit conscient*. Le problème difficile concerne l'existence même de l'expé-rience consciente et peut être réduit à ces questions :

Comment la conscience naît-elle du fonction-nement du cerveau humain ?

Comment est-elle reliée au comportement qu'elle accompagne ?

Comment le monde perçu se rapporte-t-il au monde réel ?

Le problème difficile est tellement délicat à résoudre que certains penseurs ont estimé que la réponse se trouve en dehors de la « science » elle-même. Mais le fait qu'elle se situe au-delà des limites de la science actuelle ne rabaisse en rien le phénomène de la conscience – en fait, cela indique au contraire la profondeur insondable de son rôle dans l'univers.

La prééminence d'une méthode scientifique uniquement fondée sur la réalité physique au cours des quatre cents dernières années pose un problème majeur : nous avons perdu le contact avec le profond mystère qui réside au centre même de notre existence – notre conscience. C'était (sous différents noms et manifesté au travers de différentes visions du monde) quelque chose de bien connu et de fondamental pour les religions prémodernes, mais qui a été perdu par notre culture occidentale sécularisée à mesure que nous tombions amoureux du pouvoir de la science et de la technologie modernes.

Pour chaque succès de la civilisation occidentale, le monde a payé un prix élevé sous la forme du plus crucial constituant de l'existence – notre esprit humain. La part d'ombre de la haute technologie – la guerre moderne, les homicides et suicides inconsidérés, le délabrement urbain, la pagaille écologique, le changement cataclysmique du climat, la polarisation des ressources économiques – est bien assez laide. Pire encore, notre focalisation sur le progrès exponentiel de la science et de la technologie a laissé nombre d'entre nous relativement dépourvus dans le domaine du sens et de la joie, et de la conviction que nos vies s'inscrivent dans le grand plan de l'existence pour toute éternité.

Les questions concernant l'âme et l'après-vie, la réincarnation, Dieu et le paradis se sont révélées trop difficiles à traiter par les moyens scientifiques conventionnels, ce qui impliquait qu'elles ne se posaient peut-être pas. De même, les phénomènes de conscience étendue comme la vision à distance, la perception extrasensorielle, la psychokinèse, la clairvoyance, la télépathie et la précognition, semblent avoir toujours obstinément résisté à toute compréhension par l'investigation scientifique « standard ». Je doutais de leur authenticité avant mon coma, principalement parce que je n'en avais jamais fait l'expérience à un niveau profond, et parce qu'ils ne pouvaient pas être aisément expliqués par ma conception scientifique simpliste du monde.

Comme beaucoup d'autres scientifiques sceptiques, je refusais même d'étudier les données pertinentes sur les questions relatives à ces phénomènes. Je préjugeais des données et de ceux qui les fournissaient, car ma perspective limitée ne parvenait pas à proposer le plus vague concept de la façon dont de telles choses pouvaient réellement se produire. Ceux qui prétendent qu'il n'existe aucune preuve des phénomènes indiquant l'existence d'une conscience étendue, alors qu'elles sont au contraire considérables, sont délibérément ignorants. Ils croient connaître la vérité sans avoir besoin de regarder les faits.

Pour ceux qui sont toujours pris au piège du scepticisme scientifique, je recommande le livre *Irreducible Mind : Toward a Psychology for the 21st Century* (*Esprit irréductible : vers une psychologie pour le* XXIe *siècle*, non traduit), publié en 2007. Les preuves d'une conscience hors du corps y sont bien présentées avec la rigueur de l'analyse scientifique. *Irreducible Mind* est une œuvre importante qui vient d'un groupe de haute réputation, la Division des études sur la perception, basée à l'université de Virginie. Les auteurs proposent une présentation exhaustive des données significatives, et la conclusion est incontournable : ces phénomènes sont réels et nous devons essayer de comprendre leur nature si nous voulons saisir la réalité de notre existence.

Nous avons été amenés à croire que la vision scientifique du monde approche à grands pas d'une théorie du Tout, qui ne laisserait que peu de place à notre âme, notre esprit, ou bien au paradis et à Dieu. Mon voyage dans les profondeurs du coma, hors de cette humble réalité physique vers la plus majestueuse demeure du Créateur tout-puissant, m'a révélé l'abîme insondable entre notre connaissance humaine et l'incommensurable royaume de Dieu.

Chacun de nous est plus familier avec la conscience qu'avec quoi que ce soit d'autre, et pourtant nous en comprenons bien plus sur le reste de l'univers que sur les mécanismes de la conscience. Elle est *tellement* proche de nous-mêmes qu'elle est presque à jamais hors de notre atteinte. Rien dans la physique du monde matériel (quarks, électrons, photons, atomes, etc.), et notamment dans les structures complexes du cerveau, ne livre la moindre clé pour éclairer les mécanismes de la conscience.

En fait, l'indice le plus grand de la réalité du domaine spirituel est ce *profond mystère* de notre existence consciente. C'est une révélation bien plus mystérieuse que tout ce que les physiciens ou les neuroscientifiques se sont montrés capables de prendre en compte, et leur incapacité à le faire a laissé les relations intimes entre la conscience et la mécanique quantique – et donc la réalité physique – obscurcies.

Pour étudier véritablement l'univers plus en profondeur, nous devons reconnaître le rôle fondamental de la conscience dans la représentation de la réalité. Les expériences de la mécanique quantique ont choqué les brillants fondateurs de ce domaine, dont beaucoup (Werner Heisenberg, Wolfgang Pauli, Niels Bohr, Erwin Schrödinger, Sir James Jeans, pour n'en citer que quelques-uns) se sont tournés vers des visions mystiques du monde alors qu'ils cherchaient des réponses. Ils ont compris qu'il était impossible de séparer l'expérimentateur de l'expérience et d'expliquer la réalité sans la conscience. J'ai découvert au-delà de ce monde l'immensité et la complexité indescriptibles de l'univers, et le fait que *la conscience* est la base même de tout ce qui existe. J'étais tellement connecté à lui qu'il n'y avait souvent aucune véritable distinction entre « moi » et le monde dans lequel je me déplaçais. Si je devais résumer tout ceci, je dirais tout d'abord que l'univers est bien plus grand qu'il semble l'être si nous regardons seulement ses parties visibles. (Ce qui n'a toutefois rien d'une intuition révolutionnaire puisque la science conventionnelle reconnaît que 96 % de l'univers est composé de « matière noire » et « d'énergie sombre ». Que sont ces obscures entités[1] ? Personne ne le sait encore. Mais ce qui a rendu mon expérience inhabituelle est la brutale immédiateté avec laquelle j'ai éprouvé le rôle essentiel de la conscience, ou de l'esprit. Ce n'était pas de la théorie quand j'ai appris cela, mais un fait, aussi irrésistible et immédiat qu'un souffle de vent polaire sur le visage.)

En second lieu : chacun de nous est inextricablement connecté au plus vaste univers. Il est notre véritable demeure, et penser que ce monde matériel est tout ce qui compte revient à s'enfermer dans un petit placard et imaginer qu'il n'y a rien autour. Et troisièmement : le pouvoir crucial de la *conviction* dans la facilitation de l'influence de « l'esprit sur la matière ». J'étais souvent dérouté quand j'étais étudiant en médecine par le pouvoir déconcertant de l'effet

---

1. L'univers se compose à 70 % « d'énergie sombre », cette force très mystérieuse découverte par les astronomes à la fin des années 1990 lorsqu'ils ont mis au jour une preuve irréfutable de l'accélération de l'expansion de l'univers, basée sur les supernovae de type Ia qui tombent vers le *haut* depuis cinq milliards d'années. Et à 26 % de « matière noire », d'après l'excès anormal de gravité qui se révèle depuis quelques décennies lors de la rotation des galaxies et des amas de galaxies. Des explications viendront, mais les mystères au-delà persisteront.

placebo – le fait que les essais de médicaments devaient dépasser les 30 % environ de bénéfice attribuable à la seule croyance du patient dans le fait qu'il recevait un médicament qui allait l'aider, même si ce n'était qu'une substance inerte. Au lieu d'y voir le pouvoir sous-jacent de la conviction, et la façon dont elle influençait notre santé, la profession médicale voyait le verre « à moitié vide » – l'effet placebo était un obstacle à la démonstration d'un traitement.

Au cœur de l'énigme de la mécanique quantique réside notre conception erronée de la localisation dans l'espace et le temps. En réalité, le reste de l'univers – c'est-à-dire la vaste majorité de celui-ci – n'est pas éloigné de nous dans l'espace. Oui, l'espace physique semble réel, mais il est limité également. La longueur et la hauteur totales de l'univers physique ne sont rien comparées au monde spirituel d'où il provient – le plan de la conscience (auquel certains se réfèrent comme « la force de vie »).

Cet autre univers, bien plus grand, n'est pas « au loin » du tout. En fait, il est ici-même – exactement là où je suis écrivant cette phrase, et exactement là où vous êtes en train de la lire. Il n'est pas éloigné physiquement, mais il existe comme sur une autre fréquence. Il est ici et maintenant mais nous n'en avons pas conscience, car nous sommes le plus souvent fermés à ces fréquences sur lesquelles il se manifeste. Nous vivons dans les dimensions familières de l'espace et du temps, pris au piège des étranges limitations de nos organes sensoriels et de notre perception graduelle dans un spectre partant du niveau quantique subatomique jusqu'à l'univers entier. Ces dimensions, qui ont leur propre fonctionnement avec le succès que l'on sait, nous interdisent aussi l'accès aux autres dimensions qui existent.

Les anciens Grecs avaient découvert cela il y a longtemps, et je ne faisais que redécouvrir pour moi-même ce qu'ils savaient déjà : le semblable attire (et comprend) le semblable. L'univers est construit de telle sorte que pour comprendre pleinement n'importe quelle partie de ses multiples dimensions et niveaux, *il faut devenir une partie de cette dimension*. Ou encore, plus précisément, il faut s'ouvrir à une identité avec cette partie de l'univers que l'on possède déjà, mais que l'on a peut-être occultée.

L'univers n'a ni début ni fin et Dieu est entièrement présent dans chacune de ses particules. Beaucoup – en fait, l'essentiel – de ce que les hommes ont eu à dire sur Dieu et les mondes spirituels supérieurs a consisté à souhaiter les faire descendre à notre niveau, plutôt que d'élever nos perceptions à leurs niveaux. Nous souillons, avec nos descriptions imparfaites, leur nature véritablement grandiose.

Mais bien qu'il n'ait pas de commencement ni de fin, l'univers a des signes de ponctuation, dont l'objectif est d'amener des êtres à l'existence et leur permettre de participer à la gloire de Dieu. Le big bang qui a créé notre univers était l'un de ces « signes de ponctuation » créatifs. La vision d'Om était extérieure, englobant l'ensemble de la création d'Om au-delà même de mon propre champ de vision hyperdimen-sionnel. Là, voir était savoir. Il n'y avait aucune distinction entre faire l'expérience de quelque chose et le fait pour moi de le comprendre.

« J'étais aveugle et maintenant je vois », prenait maintenant une toute autre signification alors que je comprenais à quel point nous, sur terre, sommes aveugles à la pleine nature de l'univers spirituel – notamment les personnes comme celles que j'étais, qui croyaient que la matière était la réalité première et que tout le reste – la pensée, la conscience, les idées, les émotions, l'esprit – n'en était que de simples productions.

Cette révélation m'a grandement inspiré, car elle m'a permis de voir les sommets stupéfiants de communion et de compréhension qui nous restent à gravir, lorsque chacun d'entre nous laissera derrière lui les limitations de son corps physique et de son cerveau.

L'humour. L'ironie. La compassion. J'avais toujours pensé qu'il s'agissait là de qualités développées par les humains pour supporter ce monde si souvent cruel et injuste. Et c'est le cas. Mais en plus d'être des réconforts, ces qualités sont des *reconnaissances* – brèves, fugaces, mais si importantes – du fait que, quelles que soient nos luttes et nos souffrances dans le monde actuel, elles ne peuvent pas réellement blesser les êtres plus grands et éternels que nous sommes en réalité. Le rire et l'ironie sont fondamentalement des rappels du fait que nous ne sommes pas prisonniers de ce monde, mais des voyageurs qui le traversons.

Un autre aspect de cette bonne nouvelle est que l'on n'a pas besoin d'approcher la mort pour jeter un regard derrière le voile – mais on doit faire le travail. Apprendre sur ce monde à partir de livres et de conférences est un début – mais au bout du compte, nous devons tous aller profondément dans notre propre conscience, par la prière ou la méditation, pour accéder à ces vérités.

La méditation se présente sous de nombreuses formes différentes. La plus utile pour moi depuis mon coma a été celle développée par Robert A. Monroe, fondateur de l'Institut Monroe à Faber en Virginie. Leur indépendance de toute philosophie dogmatique est un avantage certain. Le seul dogme associé au système d'exercices de méditation de Monroe est : *Je suis plus que mon corps physique*. Cette simple acceptation a de profondes implications.

Robert Monroe était un producteur de radio à succès dans les années 1950 à New York. Alors qu'il faisait des recherches sur les enregistrements audio utilisés en thérapies du sommeil, il a commencé à vivre des expériences de sortie hors du corps. Ses recherches minutieuses sur plus de quatre décennies ont abouti à un système puissant permettant de faciliter l'exploration profonde de la conscience, fondé sur une technologie audio qu'il a développée sous le nom « d'Hémi-Sync ».

L'Hémi-Sync peut augmenter l'attention sélective et la performance à travers la création d'un état de relaxation. Cependant, l'Hémi-Sync offre bien plus que cela – les états supérieurs de conscience donnent accès à des modes de perception alternatifs, dont la méditation et les états mystiques profonds. L'Hémi-Sync repose sur la physique de la résonance et de la synchronisation des ondes cérébrales, sur leur relation avec la psychologie perceptive et comportementale de la conscience, et avec la physiologie fondamentale du cerveau-esprit et de la conscience.

L'Hémi-Sync utilise différents motifs d'ondes sonores stéréophoniques (de fréquences sensiblement différentes dans chaque oreille) pour induire une activité synchronisée des ondes cérébrales. Ces « battements binauraux » sont générés à une fréquence qui est la différence arithmétique entre les fréquences des deux signaux. En utilisant un système ancien mais très précis dans le tronc cérébral qui permet en principe la localisation des sources sonores dans le plan horizontal autour de la tête, ces battements binauraux peuvent entraîner le système réticulé activateur adjacent, qui fournit des signaux temporels réguliers au thalamus et au cortex, permettant la manifestation de la conscience. Ces signaux génèrent une synchronisation des ondes cérébrales dans la gamme de 1 à 25 hertz (Hz, ou cycles par seconde), y compris la zone cruciale située sous le seuil de l'audition humaine (20 Hz). Cette gamme la plus basse est associée aux ondes cérébrales de type delta (< 4 Hz, normalement observées dans le sommeil profond sans rêve), thêta (de 4 à 7 Hz, observées dans la méditation et la relaxation profonde, et dans le sommeil non-REM – mouvements oculaires rapides), et alpha (de 7 à 13 Hz, caractéristiques du sommeil paradoxal ou REM – associé au rêve –, de l'endormissement et de la relaxation légère).

Dans ma recherche de réponses après mon coma, l'Hémi-Sync m'a potentiellement offert un moyen d'inactiver la fonction de filtre du cerveau humain en synchronisant globalement l'activité électrique de mon néocortex, tout comme ma méningite avait dû le faire, pour libérer ma conscience au-delà du corps. Je pense que l'Hémi-Sync m'a permis de retourner dans un monde similaire à celui que j'ai visité pendant mon coma, mais sans avoir besoin de frôler la mort. Mais tout comme mes rêves de vol lorsque j'étais enfant, il s'agit largement d'un processus consistant à *autoriser* le voyage à se dérouler – si j'essaie de le forcer, d'y penser trop fort ou d'appliquer le procédé de manière trop intense, cela ne fonctionne pas.

Utiliser le terme *omniscient* est inapproprié, car le pouvoir créatif sidérant dont j'ai été le témoin est au-delà de toute appellation. J'ai compris que les proscriptions de certaines religions interdisant de nommer Dieu ou de dépeindre les prophètes divins contenaient en effet une justification intuitive, car la réalité de Dieu est en vérité totalement au-delà de toute tentative humaine de capturer Dieu en mots ou en images tant que nous sommes ici sur terre.

De même que ma conscience était à la fois individuelle et complètement unifiée à l'univers, les confins de ce que j'éprouvais comme mon « moi » se contractaient parfois et s'étendaient d'autres fois pour englober tout ce qui existe à travers l'éternité. L'effacement des limites entre ma conscience et le monde autour de moi est allé si loin que je suis par moments *devenu* l'univers entier. Une autre façon serait de dire que j'ai momentanément perçu mon identité avec l'univers, qui avait toujours été là, mais à laquelle j'avais jusqu'alors été aveugle.

Une analogie que j'utilise souvent pour parler de ma conscience au plus profond niveau est celle d'un œuf de poule. Alors que j'étais dans le Cœur, même lorsque je suis devenu Un avec la Sphère de lumière et la totalité de l'univers hyper-dimensionnel de toute éternité, et intimement Un avec Dieu, je sentais nettement que l'aspect créatif, primordial (premier mouvement) de Dieu était la coquille autour du contenu de l'œuf, à la fois intimement et entièrement impliqué (en tant que notre conscience est une extension du Divin), et cependant à jamais au-delà de toute capacité d'identification absolue avec la conscience du créé. Même lorsque ma conscience est devenue identique à tout et de toute éternité, je sentais que je ne pouvais pas devenir entièrement Un avec la cause créatrice et originelle de tout ce qui est. Au cœur de l'unité infinie, cette dualité était toujours présente. Il est possible qu'une telle dualité apparente soit simplement le résultat de la tentative de ramener cette conscience dans ce monde.

Je n'ai jamais entendu la voix d'Om directement, ni vu son visage. C'était comme si Om me parlait à travers des pensées qui étaient comme des murs de vagues me traversant, remuant tout autour de moi et me montrant qu'il existe une substance plus profonde de l'existence – une substance dont nous faisons tous et toujours partie, mais dont nous ne sommes généralement pas conscients.

Ainsi, je communiquais directement avec Dieu ? Absolument. Exprimé de cette façon, cela semble grandiloquent. Mais lorsque cela se produisait, je ne le ressentais pas ainsi. Au contraire, je sentais que je faisais ce que toute âme est capable de faire quand elle quitte son corps, et que nous pouvons tous faire maintenant grâce à différentes méthodes de prière ou de méditation profonde. Communiquer avec Dieu est l'expérience la plus extraordinaire qu'on puisse imaginer et en même temps c'est la plus naturelle de toutes, car Dieu est présent en nous à chaque instant. Omniscient, omnipotent, personnel – et nous aimant sans conditions. Nous formons Un à travers notre lien divin avec Dieu.

34

Un Dernier Dilemme

> « *Je dois être prêt à renoncer à ce que je suis pour devenir ce que je serai.* »
> Albert EINSTEIN (1879-1955)

Einstein était l'une de mes idoles scientifiques et la citation ci-dessus a toujours été l'une de mes favorites. Mais maintenant, je comprenais ce que signifiaient vraiment ces mots. Aussi folle que pouvait sembler mon histoire à chaque fois que je la racontais à l'un de mes collègues scientifiques – comme je pouvais le voir à leurs expressions figées et perturbées –, je savais que je leur racontais quelque chose qui avait une authentique validité scientifique. Et que cela ouvrait la porte sur un monde entièrement nouveau – un univers entièrement nouveau – de compréhension scientifique. Une vision qui honorait la conscience elle-même comme l'entité la plus importante de toute l'existence.

Mais une des phases communes de l'EMI ne m'était pas arrivée à moi. Ou plus précisément, il y avait un petit sous-groupe d'expériences que je n'avais pas vécues et toutes étaient liées à un même élément :

Pendant que j'étais parti, je ne souvenais pas de mon identité terrestre.

Bien que deux EMI ne soient jamais parfaitement identiques, j'avais découvert assez tôt dans mes lectures qu'il existe une liste assez consistante de caractéristiques typiques que beaucoup d'entre elles contiennent. L'une de ces caractéristiques est la rencontre avec une ou plusieurs personnes décédées que le sujet en EMI a connues dans sa vie. Je n'avais rencontré personne que j'avais connu au cours de ma vie. Mais je ne me souciais guère de cet aspect puisque j'avais déjà découvert que l'oubli de mon identité terrestre m'avait permis d'aller plus loin que beaucoup de personnes lors de leur EMI. Je ne pouvais donc pas m'en plaindre. Ce qui me chagrinait tout de même était qu'il y avait une personne que j'aurais profondément aimé rencontrer. Mon père était mort quatre ans avant que je tombe dans le coma. Étant donné qu'il savait que je pensais avoir échoué à me maintenir à la hauteur de ses standards pendant mes années perdues, pourquoi n'avait-il pas été là pour me dire que tout allait bien ? Car le réconfort était en effet ce que les amis ou proches des sujets en EMI venaient le plus souvent apporter. J'avais besoin de ce réconfort. Et pourtant je ne l'avais pas reçu.

Non pas que j'avais été entièrement privé de mots de réconfort, bien sûr. J'en avais reçus, de la Fille sur l'Aile du Papillon. Mais aussi merveilleuse et angélique qu'était cette femme, *je ne la connaissais pas*. L'ayant vue à chaque fois que j'entrais dans cette vallée idyllique sur l'aile d'un papillon, je me rappelais parfaitement son visage – à tel point que je savais que je ne l'avais jamais rencontrée dans ma vie, au moins dans ma vie sur terre. Et dans les EMI, c'était souvent la rencontre avec un ami ou une relation terrestre proche qui concluait l'aventure des personnes qui avaient vécu ces expériences.

Même si j'essayais de l'ignorer, ce fait a introduit un élément de doute dans mes réflexions sur la signification de tout ceci. Non pas que je doutais de ce qui m'était arrivé. C'était impossible, et j'aurais aussitôt dû douter de mon mariage avec Holley ou de mon amour pour mes enfants. Mais le fait d'avoir voyagé dans l'au-delà sans rencontrer mon père et d'avoir rencontré ma superbe compagne sur l'aile du papillon, que je ne connaissais pas, me troublait encore. Compte tenu de la nature intensément émotionnelle de mes relations avec ma famille, de mes sentiments d'absence de valeur parce que j'avais été abandonné, pourquoi ce message si important – que j'étais aimé, que je ne serais jamais rejeté – n'avait-il pas été délivré par quelqu'un que je connaissais ? Quelqu'un comme... mon père ?

Car « rejeté » était en fait, à un niveau profond, la position dans laquelle je m'étais senti tout au long de ma vie – malgré tous les efforts de ma famille pour guérir ce sentiment par leur amour. Mon père m'avait souvent conseillé de ne pas me sentir trop concerné par ce qui avait pu m'arriver avant que lui et maman m'aient choisi à l'orphelinat. « Tu ne peux pas te souvenir de ce qui s'est passé si tôt de toute façon », me disait-il. Et en cela il avait tort. Mon EMI m'a convaincu qu'il existe une part secrète de nous-mêmes qui enregistre le moindre aspect de nos vies terrestres, et que cet enregistrement commence au tout, tout début. Ainsi, à un niveau précognitif, préverbal, j'avais su toute ma vie que j'avais été abandonné et au fond de moi je luttais encore pour pardonner ce fait.

Aussi longtemps que cette question restait ouverte, il subsisterait une voix dédaigneuse. Une voix qui me dirait, avec insistance et même perfidie, qu'aussi parfaite et merveilleuse qu'ait été mon EMI, quelque chose lui manquait, quelque chose était « absent » d'elle.

En substance, une part de moi doutait toujours de l'authenticité de mon expérience incroyablement réelle dans le coma profond, et donc de l'existence véritable de toute cette dimension. Pour cette part de moi-même, tout cela continuait à « ne pas avoir de sens » d'un point de vue scientifique. Et cette voix faible mais insistante du doute a commencé à menacer toute la nouvelle vision du monde que je bâtissais lentement.

35

La Photo

« *La gratitude est non seulement
la plus grande des vertus, mais c'est également
la mère de toutes les autres.* »
CICÉRON (106-43 av. J.-C.)

Quatre mois après que j'ai quitté l'hôpital, ma
sœur biologique Kathy m'a finalement envoyé
une photo de mon autre sœur biologique Betsy.
J'étais debout dans notre chambre, là où toute
mon odyssée avait commencé, lorsque j'ai ouvert
la grosse enveloppe pour en retirer une pho-
tographie couleur encadrée de la sœur que je
n'avais jamais connue. Elle se tenait, comme
je l'ai découvert plus tard, près de la jetée du
ferry de l'île Balboa, non loin de sa maison en
Californie du Sud, avec un superbe coucher de
soleil sur la côte Ouest en arrière-plan. Elle portait de longs cheveux bruns et avait les yeux d'un
bleu profond, et son sourire, irradiant d'amour
et de bonté, semblait me traverser, gonflant mon
cœur et me faisant mal en même temps.

Kathy avait joint un poème à la photo. Il a été écrit par David M. Romano en 1993 et s'appelle « Quand demain commencera sans moi ».

Quand demain commencera sans moi,
Que je ne serai plus là pour voir,
Si le soleil se lève pour découvrir tes yeux
Emplis de larmes pour moi ;
J'aimerais tellement que tu ne pleures pas
Comme tu as pleuré aujourd'hui,
En pensant à toutes ces choses
Que nous ne nous sommes pas dites.
Je sais combien tu m'aimes,
Autant que moi je t'aime,
Et chaque fois que tu penses à moi,
Je sais aussi que je te manquerai ;
Mais quand demain commencera sans moi,
S'il te plaît, essaie de comprendre,
Qu'un ange est venu, a appelé mon nom,
Et m'a pris par la main,
Et m'a dit que ma place était prête,
Aux cieux loin là-haut
Et que je devais laisser derrière moi
Tous ceux que j'aime tant.
Mais alors que je me tournais pour partir,
Une larme a coulé de mon œil
Car toute ma vie, j'avais toujours pensé,
Que je ne voulais pas mourir.
J'avais tellement à vivre,
Tant à faire encore,
Il semblait presque impossible
De te quitter.

J'ai pensé à tous les hiers,
Les bons et les mauvais,
J'ai pensé à tout l'amour que
nous avons partagé,
Et tout le plaisir que nous avons eu.
Si je pouvais revivre hier
Même juste un instant,
Je te dirais au revoir et t'embrasserais
Et peut-être te verrais-je sourire.
Puis j'ai compris
Que cela ne pouvait plus être,
Car le vide et les souvenirs
Prendraient ce qui fut ma place.
J'ai pensé à toi, et alors
Mon cœur s'est empli de peine.
Mais quand j'ai franchi les portes du ciel,
Je me suis senti tellement chez moi
Quand Dieu m'a regardé et m'a souri,
Depuis Son grand trône doré,
Il m'a dit : « Ceci est l'éternité,
Et tout ce que je t'ai promis.
Aujourd'hui ta vie sur terre est passée
Mais elle commence ici de nouveau.
Je ne promets aucun lendemain,
Car aujourd'hui durera toujours,
Et puisque chaque jour est le même chemin,
Il n'y a aucun passé à regretter.
Tu as été si fidèle,
Si confiant et si vrai.
Bien que parfois
Tu aies fait certaines choses
Que tu savais ne pas devoir faire.

Mais tu as été pardonné
Et maintenant enfin tu es libre.
Alors veux-tu venir et prendre ma main
Et partager ma vie avec moi ? »
Alors quand demain commencera sans moi,
Ne crois pas que nous soyons éloignés,
Car chaque fois que tu penses à moi,
Je suis là, dans ton cœur.

Mes yeux étaient embués lorsque j'ai posé précautionneusement la photo sur la commode tout en continuant à la regarder. Elle semblait familière d'une façon si étrange et troublante. Mais bien sûr, il était *normal* que je le ressente ainsi. Nous étions liés par le sang et avions partagé plus d'ADN que quiconque sur la planète hormis mon autre sœur et mon frère biologiques. Que nous nous soyons connus ou non, Betsy et moi étions profondément connectés.

Le lendemain matin, j'étais dans la chambre en train de lire le livre d'Elisabeth Kübler-Ross *La Mort est un nouveau soleil* lorsque je suis tombé sur l'histoire d'une jeune fille de douze ans qui avait vécu une EMI et n'en avait d'abord rien dit à ses parents. Mais finalement, elle ne pouvait plus le garder pour elle et s'était confiée à son père. Elle lui avait raconté qu'elle avait voyagé dans une contrée incroyable pleine d'amour et de beauté, qu'elle avait rencontré son frère et avait été réconfortée par lui.

« Le seul problème », avait-elle dit à son père, « c'est que je n'ai pas de frère. »

Des larmes ont rempli les yeux de son père. Il lui a raconté l'histoire du frère qu'elle avait en effet, mais qui était mort seulement trois mois avant sa naissance. J'ai arrêté de lire. Pendant un moment, je suis parti dans un état étrange, hébété, sans vraiment penser, mais simplement... comme absorbant quelque chose. Une pensée qui traînait au bord de ma conscience, mais qui n'était pas encore tout à fait entrée.

Puis mes yeux se sont tournés vers le bureau où j'avais posé la photo que Kathy m'avait envoyée. La photo de la sœur que je n'avais jamais connue. Que je connaissais seulement à travers les histoires que ma famille biologique m'avait racontées, décrivant la personne extraordinairement dévouée et charitable qu'elle avait été. Une personne, avaient-ils dit souvent, qui était si bienveillante qu'elle était pratiquement un ange.

Sans la robe bleu pastel et indigo, sans la lumière céleste du Passage l'entourant alors qu'elle était assise sur la magnifique aile du papillon, elle n'était pas facile à reconnaître d'emblée. Mais c'était bien sûr naturel. J'avais vu son être céleste – celui qui vit au-dessus et au-delà de ce monde matériel avec toutes ses tragédies et ses difficultés.

Mais maintenant je la reconnaissais sans peine, je reconnaissais son sourire aimant, son regard confiant et infiniment réconfortant, ses yeux bleus brillants.

C'était elle.

Pendant un instant, les mondes se sont rencontrés. Mon monde ici sur terre, où j'étais un médecin, un père et un mari. Et le monde d'en haut – un monde si vaste qu'en y voyageant vous pouviez perdre le sens de votre soi terrestre et devenir une pure partie du cosmos, de l'obscurité pénétrée de Dieu et emplie d'amour. À ce moment, dans la chambre de notre maison en ce mardi matin pluvieux, le monde inférieur et le monde supérieur se sont rencontrés. Voir cette photo m'a fait sentir comme ce petit garçon du conte de fées qui voyage vers un autre monde et revient, pour finalement comprendre que ce n'était qu'un rêve – jusqu'à ce qu'il regarde dans sa poche et trouve une poignée scintillante de terre magique de l'autre monde.

Même si je refusais de l'admettre, une lutte se déroulait en moi depuis des semaines maintenant. Un combat entre cette part de mon esprit qui était allée au-delà de mon corps et le médecin – le soignant qui s'était dévoué à la science. J'ai regardé le visage de ma sœur, mon ange, et j'ai su – su totalement – que les deux personnes que j'avais été au cours des derniers mois, depuis que j'étais revenu, étaient bien une seule. Je devais pleinement embrasser mon rôle en tant que médecin, scientifique et soignant, et en tant que sujet d'un voyage très invraisemblable, très réel et très important dans le Divin lui-même. C'était important non pas à cause de moi, mais à cause des détails fantastiquement convaincants et potentiellement transformateurs qu'il renfermait. Mon EMI avait guéri mon âme fragmentée. Elle m'avait fait savoir que j'avais toujours été aimé et elle m'avait aussi montré qu'ab-solument tout le monde dans l'univers l'est également. Elle avait fait cela en plaçant mon corps physique dans un état qui, selon les connaissances de la science médicale actuelle, devrait avoir rendu impossible pour moi la possibilité de faire quelque expérience *que ce soit*.

Je sais qu'il se trouvera des personnes qui chercheront à invalider mon expérience quoi qu'il arrive, et beaucoup qui la rejetteront d'emblée par refus de croire que ce que j'ai vécu puisse être vraiment « scientifique » – puisse être plus qu'un rêve fou, enfiévré.

Mais je sais ce que j'ai vécu. Et pour l'amour de ceux ici sur terre et de ceux que j'ai rencontrés au-delà de ce monde, je considère de mon devoir – à la fois en tant que scientifique et donc chercheur de vérité, et en tant que médecin dévoué à aider les autres – de faire connaître à autant de personnes que possible que ce que j'ai vécu est authentique, réel et d'une importance colossale. Non pas simplement pour moi, mais pour nous tous.

Non seulement mon voyage m'a parlé d'amour, mais il m'a également parlé de qui nous sommes et de la façon dont nous sommes tous connectés – le sens même de l'existence. J'ai appris qui j'étais là-haut et quand je suis revenu, j'ai compris que les moindres brins de qui je suis ici-bas était réparés.

Tu es aimé. Ces mots sont ceux que j'avais besoin d'entendre en tant qu'orphelin, en tant qu'enfant qui avait été abandonné. Mais c'est aussi ce que chacun d'entre nous en ces temps matérialistes a besoin d'entendre, car en ce qui concerne qui nous sommes vraiment, là d'où nous venons et là où nous allons, nous nous sentons tous (à tort) comme des orphelins. Si nous ne retrouvons pas le souvenir de cette plus vaste connexion et de l'amour inconditionnel de notre Créateur, nous nous sentirons toujours perdus ici, sur terre.

Me voici donc. Je suis toujours un scientifique, toujours un médecin, et à ce titre j'ai deux devoirs essentiels : honorer la vérité et aider à guérir. Ce qui veut dire raconter mon histoire. Une histoire dont je deviens convaincu à mesure que le temps passe qu'elle m'est arrivée pour une raison. Non pas que je sois quelqu'un de spécial. Mais avec moi, deux événements sont survenus à l'unisson, en concordance, et ensemble ils brisent les reins du dernier effort de la science réductionniste pour dire au monde que la réalité matérielle est tout ce qui existe, et que la conscience, ou l'esprit – le vôtre et le mien –, ne constitue pas le mystère immense et central de l'univers.

J'en suis la preuve vivante.

Eternea

Mon EMI m'a donné envie d'aider à faire du monde un endroit meilleur pour tous, et Eternea est le véhicule qui permet ce changement fondamental. Eternea est une fondation sans but lucratif soutenue par des fonds publics que j'ai cofondée avec mon ami et collègue John R. Audette. Eternea constitue un effort passionné pour servir le bien supérieur en aidant à créer le meilleur avenir possible pour la terre et ses habitants.

La mission d'Eternea est de promouvoir la recherche, l'éducation et des programmes appliqués concernant les expériences spirituellement transformatrices, ainsi que la physique de la conscience et la relation interactive entre la conscience et la réalité physique (c'est-à-dire la matière et l'énergie). Il s'agit d'une initiative organisée non seulement pour appliquer de façon pratique les enseignements tirés des expériences de mort imminente, mais aussi pour servir de lieu d'accueil à toute sorte d'expériences spirituellement transformatrices.

Rendez-vous sur www.Eternea.org pour approfondir votre propre éveil spirituel ou pour partager votre expérience personnelle sur une expérience spirituellement transformatrice que vous avez vécue (ou bien si vous portez le deuil d'un proche, ou êtes atteint d'une maladie grave, ou si quelqu'un dans votre entourage l'est). Eternea fournira aussi des ressources précieuses aux scientifiques, universitaires, chercheurs, théologiens et membres du clergé qui sont intéressés par ce domaine de recherche.

Eben ALEXANDER,
M.D. Lynchburg,
Virginie 10 juillet 2012

Appendice A

Déclaration de Scott Wade, médecin

En tant que spécialiste des maladies infectieuses, j'ai vu le Dr Eben Alexander lorsqu'il s'est présenté à l'hôpital le 10 novembre 2008 et a été diagnostiqué comme souffrant d'une méningite bactérienne. Le Dr Alexander était tombé brutalement malade avec des symptômes grippaux, des douleurs dorsales et des maux de tête. Il a été rapidement transporté aux urgences où on lui a fait une tomodensitométrie du crâne puis une ponction lombaire avec un liquide cérébros-pinal suggérant une méningite à bactérie Gram négatif. Il a été immédiatement placé sous traitement d'antibiotiques ciblés par intraveineuse et mis sous respirateur compte tenu de son état critique et de son coma. En vingt-quatre heures, la bactérie Gram négatif a été identifiée comme *E. coli*. Infection plus fréquente chez les nouveau-nés, la méningite à *E. coli* est très rare chez l'adulte (incidence de moins d'un cas sur 10 millions aux États-Unis), particulièrement en l'absence de traumatisme crânien, de neurochirurgie récente ou de pathologies comme le diabète. Le Dr Alexander était en très bonne santé au moment du diagnostic, et aucune cause sous-jacente de sa méningite n'a pu être identifiée.

Le taux de mortalité pour les méningites à Gram négatif chez les enfants et adultes varie de 40 à 80 %. Le Dr Alexander s'est présenté à l'hôpital avec des crises d'épilepsie et un état mental manifestement altéré, deux facteurs de risque pour des complications neurologiques, voire la mort (mortalité supérieure à 90 %). En dépit d'un traitement antibiotique rapide et agressif pour sa méningite à *E. coli* et de soins continus en unité de soins intensifs, il est resté dans le coma six jours et l'espoir d'une guérison rapide s'est évanoui (mortalité supérieure à 97 %). Puis, le septième jour, le miraculeux s'est produit – il a ouvert les yeux, est devenu lucide, et a été rapidement débarrassé du respirateur. Le fait qu'il ait pu bénéficier d'un rétablissement intégral de son état après un coma de près d'une semaine est absolument remarquable.

Scott Wade, M.D.

Appendice B

Les hypothèses neuroscientifiques explorées pour expliquer mon expérience

En examinant mes souvenirs avec d'autres neurochirurgiens et scientifiques, j'ai considéré plusieurs hypothèses susceptibles d'expliquer ces souvenirs. Pour aller droit au but, toutes ont échoué à expliquer l'interactivité riche, solide et complexe des expériences du Passage et du Cœur (« l'ultraréalité »). Ces hypothèses incluaient :

1. Un programme primitif du tronc cérébral pour apaiser la douleur et la souffrance terminales (« argument évolutionniste » – peut-être un vestige des stratégies de « mort simulée » des mammifères inférieurs ?). Mais cela n'expliquait pas la nature solide et richement interactive des souvenirs.

2. Le rappel déformé de souvenirs en provenance de zones plus profondes du système limbique (par exemple, l'amygdale latérale) qui ont assez de matière cérébrale au-dessus d'elles

pour être relativement protégées de l'inflammation méningée, laquelle se produit principalement sur la surface externe du cerveau. Ceci ne saurait expliquer la nature solide et richement interactive des souvenirs.

3. Le blocage du glutamate endogène avec excitotoxicité, imitant les effets de l'anesthésique hallucinatoire kétamine (parfois invoquée pour expliquer les EMI en général). J'ai vu quelquefois les effets de la kétamine utilisée comme anesthésique au cours de la première partie de ma carrière neurochirurgicale à l'École de médecine de Harvard. L'état hallucinatoire qu'elle induisait était très chaotique et désagréable, et ne présentait strictement aucune ressemblance avec mon expérience dans le coma.

4. La « décharge » de N,N-diméthyltryptamine (DMT) (depuis la glande pinéale ou un autre endroit du cerveau). La DMT, un agoniste naturel de la sérotonine (spécifiquement sur les récepteurs 5-HT1A, 5-HT2A et 5-HT2C), provoque de vives hallucinations et un état proche du rêve. Je suis assez familier des expériences psychotropes liées aux agonistes/antagonistes de la sérotonine (c'est-à-dire le LSD et la mescaline) depuis ma période adolescente au début des années 1970. Je n'ai jamais pris personnellement de DMT, mais j'ai vu beaucoup de patients sous son influence.

L'extravagante ultraréalité aurait toujours besoin d'un néocortex auditif et visuel intact puisqu'il s'agit des régions cibles pour générer une expérience audiovisuelle intense comme celle que j'ai eue dans le coma. Le coma prolongé dû à la méningite bactérienne avait gravement endommagé mon néocortex, qui est l'endroit où toute la sérotonine en provenance des noyaux du raphé dans le tronc cérébral (ou la DMT, un agoniste de la sérotonine) devrait produire des effets en termes d'expérience visuelle/auditive. Mais mon cortex était éteint et la DMT n'avait pas d'endroit pour agir dans le cerveau. L'hypothèse DMT a échoué sur la base de l'ultraréalité de l'expérience audiovisuelle et l'absence de cortex intact sur lequel agir.

5. La préservation isolée de régions corticales pourrait avoir expliqué une partie de l'expérience, mais elle était hautement improbable compte tenu de la gravité de ma méningite et de sa résistance au traitement pendant près d'une semaine : globules blancs (GB) périphériques à plus de 27 000 par mm^3, dont 31 % avec granulations toxiques, GB du liquide céphalorachidien (LCR) à plus de 4 300 par mm^3, glucose du LCR à 1 mg/dl, protéines du LCR à 1,340 mg/dl, atteintes méningées diffuses avec anormalités cérébrales associées révélées par la tomodensitométrie, et examens neurologiques montrant de graves altérations des fonctions corticales et une dysfonction de la

proprioception extraoculaire, indiquant des atteintes au tronc cérébral.

6. Dans une tentative d'expliquer l'ultraréalité de l'expérience, j'ai examiné l'hypothèse suivante : se pouvait-il que les réseaux de neurones inhibiteurs aient été affectés de façon prédominante, autorisant des niveaux d'activité inhabituellement élevés au sein des réseaux neuronaux excitateurs qui avaient généré l'apparente « ultraréalité » de mon expérience ? On s'attendrait à ce que la méningite affecte préférentiellement le cortex superficiel, laissant probablement les couches plus profondes partiellement fonctionnelles. L'unité fonctionnelle du néocortex est la « colonne corticale » en six couches, dont chacune a un diamètre latéral de 0,2-0,3 mm. Il existe une importante interconnexion latérale avec les colonnes adjacentes, en réponse à des signaux de contrôle modulateur qui proviennent principalement des régions sous-corticales (le thalamus, les noyaux gris centraux et le tronc cérébral). Chaque colonne fonctionnelle a comme un interrupteur à la surface (couches 1-3), de sorte que la méningite interrompt effectivement la fonction de chaque colonne en attaquant simplement les couches superficielles du cortex. La distribution anatomique des neurones inhibiteurs et excitateurs, qui est relativement équilibrée entre les six couches, ne soutient donc pas cette hypothèse. La méningite se diffusant à la surface du cerveau désactive efficacement

le néocortex entier du fait de cette architecture en colonnes. Inutile d'avoir une destruction sur toute l'épaisseur pour obtenir une cessation fonctionnelle intégrale. Étant donné le cours prolongé de mes médiocres fonctions neurologiques (sept jours) et la gravité de mon infection, il est peu probable que même les couches plus profondes du cortex étaient toujours fonctionnelles.

7. Le thalamus, les noyaux gris centraux et le tronc cérébral sont des structures plus profondes du cerveau (« régions sous-corticales ») dont certains de mes collègues ont postulé qu'elles pourraient avoir contribué au traitement d'expériences hyper-réelles. En fait, aucune de ces structures ne pourrait avoir joué un tel rôle sans qu'au moins certaines régions du néocortex aient toujours été intactes. Tous mes collègues ont finalement reconnu que les structures sous-corticales à elles seules ne pouvaient pas avoir géré les intenses calculs neuronaux nécessaires à une complexité expérientielle aussi richement interactive.

8. Un « phénomène de reboot » (redémarrage) – une remontée aléatoire de souvenirs étrangement décousus provenant de véritables souvenirs dans le néocortex abîmé, ce qui pourrait conduire à « redémarrer » le cortex (reprendre conscience) après une panne prolongée du système, comme dans ma méningite diffuse. Compte tenu en particulier des subtilités de

mes souvenirs détaillés, cela semble très peu vraisemblable.

9. La production inhabituelle de souvenirs à travers une voie visuelle archaïque dans le cerveau moyen (mésencéphale), utilisée de façon prépondérante chez les oiseaux, mais seulement rarement identifiable chez les humains. On peut la mettre en évidence chez les personnes atteintes de cécité corticale, du fait de lésions dans le cortex occipital. Cela n'apporte aucune explication à l'ultraréalité dont j'ai été témoin et n'explique pas non plus l'imbrication auditive-visuelle.

Table des matières

10850

Composition
PCA

Achevé d'imprimer en Slovaquie
par NOVOPRINT SLK
le 7 juillet 2015.

Dépôt légal janvier 2015
EAN 9782290098479
L21EPLN001692B002

ÉDITIONS J'AI LU
87, quai Panhard-et-Levassor, 75013 Paris

Diffusion France et étranger : Flammarion